AF555753

Cartonnage

GUIDE

attention en tête

... de Chant

...S DE LA FLOTTE

MÉTHODE GALIN-PARIS-CHEVÉ

1875

GUIDE

DE

L'Instructeur de Chant

A BORD DES BATIMENTS DE LA FLOTTE

MÉTHODE GALIN-PARIS-CHEVÉ

1875

Guide
de l'Instructeur de Chant
à bord des bâtiments de la Flotte

Les conseils qui suivent permettront à ceux qui n'ont pas déjà suivi des cours d'après la Méthode Galin-Paris-Chevé, d'organiser, à bord, des leçons de chant dans les conditions des circulaires du 19 Janvier et du 27 Mai 1870, insérées au Bulletin officiel page 57 N° 9 et page 591 N° 118 et reproduites ci-après.

N° 9 Le Ministre de la Marine et des colonies à Messieurs les Préfets Maritimes, officiers généraux et supérieurs exerçant un commandement en chef à la mer, commissaires généraux de la marine.

2e Direction. Personnel, 3e Bureau. Équipages de la Flotte.

Paris, le 19 Janvier 1870.

Organisation de cours de chant sur les bâtiments armés. Délivrance d'un matériel d'enseignement à ces bâtiments.

Messieurs, les bons résultats produits par les cours de chant qui ont été successivement organisés depuis trois ans à l'établissement des Pupilles, à l'école [illegible] sur la Bretagne, et aux bataillons d'apprentis fusiliers m'ont conduit à arrêter les dispositions suivantes dans le but de donner plus d'extension à cet enseignement et d'en réglementer le fonctionnement à bord des bâtiments armés.

A l'avenir, un cours de chant devra être fait, d'après la Méthode [illegible] à bord des bâtiments ci-après désignés, savoir :

Bâtiments faisant partie de l'escadre d'évolution et de la division cuirassée [illegible]

Bâtiments portant le pavillon d'un officier général commandant à la mer.

Bâtiments portant le pavillon des chefs de division de la division navale des côtes orientales d'Afrique, de la division navale des côtes occidentales d'Afrique et de la division navale d'Islande.

Il sera délivré à chacun de ces bâtiments un matériel d'enseignement qui comprendra :

1 Méthode complète de chant.
25 exercices élémentaires
1 recueil de choeurs imprimés
1 tableau noir et de la craie devront être mis à la disposition du professeur par les soins du bord.

Afin d'entourer de toutes les garanties désirables le choix des [illegible]

J'ai autorisé M. le Directeur de l'enseignement du chant à Brest et à Lorient, à délivrer aux élèves des cours de ces deux ports des certificats d'aptitude pour l'enseignement du chant.

Ces Certificats ne comportent d'ailleurs l'allocation d'aucun supplément.

Les cours de chant seront donc faits, soit par les instructeurs de gymnastique formés à l'école de Joinville-le-Pont, et dont le brevet indiquera une aptitude spéciale pour le chant, soit par des marins ou mousses possédant le certificat d'aptitude dont je viens de parler. Pour faciliter l'application de cette mesure, les hommes et les Mousses disponibles à l'embarquement qui se trouveront en possession de ce certificat devront être destinés, autant que possible, aux bâtiments sur lesquels les cours de chant sont réglementaires.

M.M. les commandants en chef et M. M. les commandants des bâtiments devront, d'ailleurs, s'attacher à donner aux professeurs des cours de chant toutes les facilités et tous les encouragements propres à stimuler le zèle et l'entrain de ces marins dans l'accomplissement de leur tâche.

L'insertion de la présente circulaire, au Bulletin officiel tiendra lieu de notification.

Recevez...

L'Amiral Ministre, secrétaire d'État au département de la Marine et les colonies.

Signé: Rigault de Genouilly

N°. 118. Le Ministre de la Marine et des Colonies à M. M. les Préfets maritimes, officiers généraux, supérieurs, et autres Commandants à la mer.

4e. Direction: Matériel. 3e. Bureau, approvisionnements généraux;

7e. Direction: Comptabilité générale: 4e. Bureau: comptabilité des Matières.

Paris, le 27 Mai 1870.

Addition à la nomenclature générale des matières et au règlement d'armement. Ouvrages et recueils pour l'enseignement du chant d'après la Méthode Chevé.

Messieurs, par une circulaire du 19 Janvier dernier, insérée au bulletin officiel de la Marine, je vous ai fait connaître qu'un matériel d'enseignement pour la tenue d'un cours de chant d'après la Méthode Chevé, serait à l'avenir délivré aux bâtiments de l'escadre à la division cuirassée et aux bâtiments portant le pavillon d'un officier général ou le guidon d'un chef de division.

Par suite de cette disposition, j'ai décidé que les Méthodes et recueils entrant dans la composition de ce matériel seront délivrés par le service des hôpitaux et confiés au Maître de timonerie. Les ouvrages dont il s'agit seront classés dans la nomenclature du service des approvisionnements généraux de la Flotte (Bibliothèque du bord sous les numéros et les désignations qui suivent.

N^os de l'unité		Désignation des objets	Espèce des unités	Prix
collective	simple			
5 Bis	142	Méthodes élémentaires de musique vocale (Chevé) reliées	Vol	8.65
d°	163	Exercices élémentaires de musique vocale (Chevé) cartonnés	d°	1.50
d°	165	Recueils de choeurs imprimés (chiffres) Reliés	d°	7.00

Ils seront aussi inscrits au règlement d'armement à la page 4 de l'appendice N° 8 de la manière suivante.

Article du Maître de Timonerie
Additions
3e groupe: Bibliothèques
3e Catégorie. Matériel d'enseignement pour le chant

1	2	3	4	5	6	7	8	9	10	11	12
						ouvrages et recueils selon la Méthode Chevé					A. Il sera délivré aux bâtiments de l'escadre et de la division cuirassée, aux bâtiments portant le pavillon d'un officier général ou le guidon d'un chef de division navale, quand les bâtiments ont un effectif de 350 hommes et au-dessus: 1 méthode élémentaire de musique vocale, 25 exercices élémentaires de lecture musicale, 1 recueil de choeurs imprimés.
Bâtiments	magasin	salle de dépôt	détail des hôpit.	5 Bis	562	Méthode élémentaire de musique vocale	volume				
d°	d°	d°	d°	d°	163	Exercices élémentaires de lecture musicale	d°	A	A		
d°	d°	d°	d°	d°	165	Recueils de choeurs imprimés	d°				

J'ai l'honneur de vous inviter à donner des ordres pour que les additions ci-dessus soient inscrites sur tous les exemplaires de la nomenclature et du règlement d'armement qui ont été mis à votre disposition.

L'Amiral Secrétaire d'État au département de la marine et des colonies

Signé: Rigault de Genouilly.

Introduction

Ce guide n'est pas une Méthode; il est seulement fait dans le but de donner aux professeurs munis du matériel nécessaire pour l'enseignement du chant, les moyens d'arriver à de bons résultats le plus promptement possible. Il est divisé en trois parties.

1re partie: Musique en chiffres (Intonation et mesure)

2ème " ——— d° ——— sur la portée ——— d° ———

3ème ——— Théorie musicale par questions et par réponses (chiffres et portée)

Ce petit ouvrage est terminé par un appendice dans lequel on traite de l'étude des choeurs et des langues propres à chacune des gammes par dièses, des gammes par bémols.

Matériel d'enseignement

1°. Tableau en bois, peint en noir des deux côtés, sur l'un d'eux, le bord fera peindre en blanc des portées musicales.

2°. deux baguettes en bois très léger, de un mètre chacune. Craie, éponge, règle plate.

3°. Méthode élémentaire de musique vocale, exercices élémentaires de lecture musicale, recueils de choeurs imprimés.

4°. Airs, duos, Choeurs autographiés

5ème " Tableaux en toile roulés N°s 1. 2. 3 et 4 pour l'intonation; N°s 5. 6. 7 et 8 pour la mesure. N°s 9 et 10 pour la portée (Voir les modèles pages 5. 6. 7 et 8.)

6°. Diapasons: un en acier, deux à bouche.

(1) Ces trois ouvrages, comme il est écrit plus haut (Article du Maître de Timonerie) sont fournis par l'État, et se trouvent si l'on désire s'en procurer personnellement chez Emmanuel Chevé, 36 rue Vivienne à Paris.

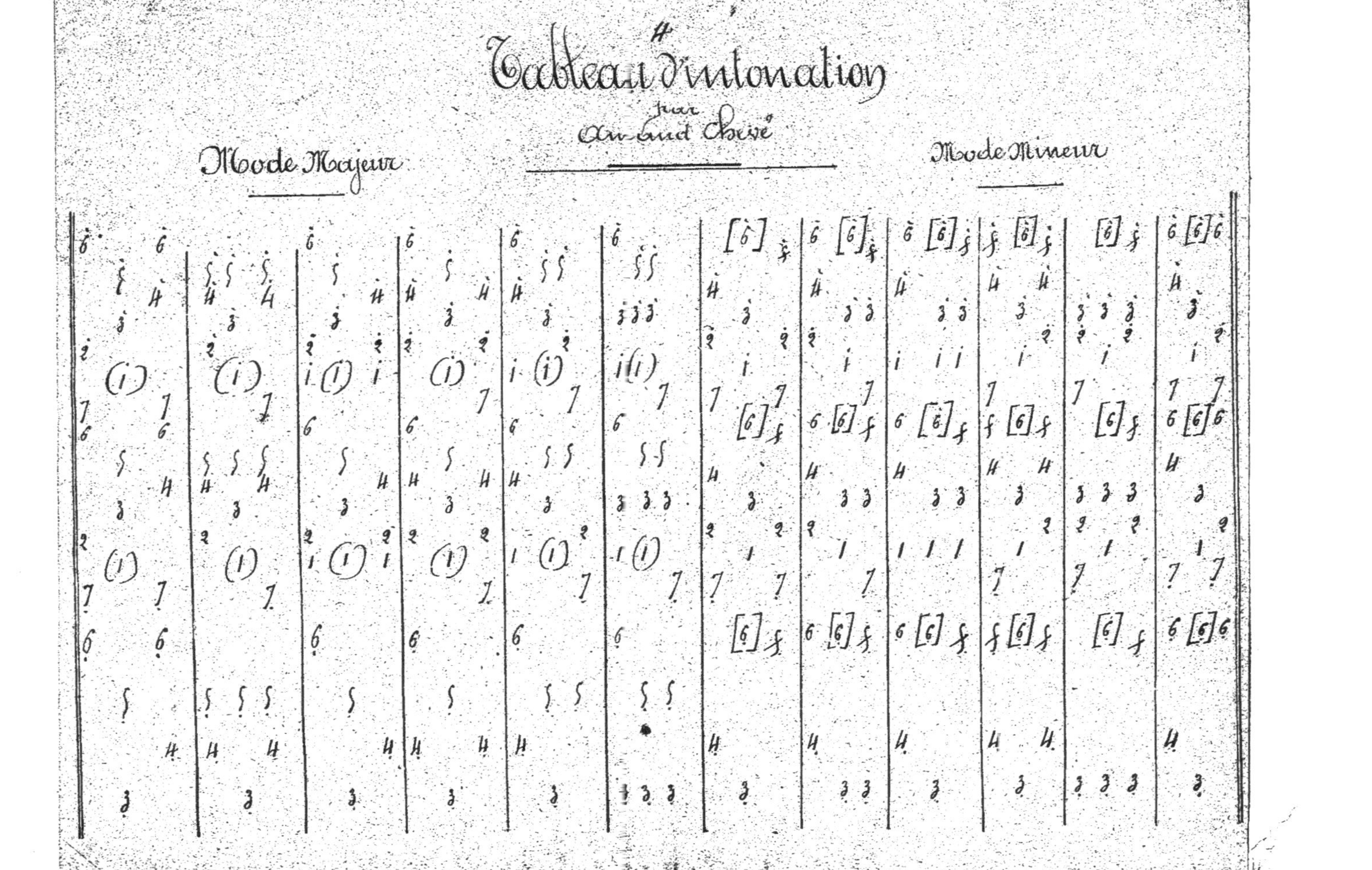
Tableau d'intonation
par
Armand Chevé
Mode Majeur
Mode Mineur

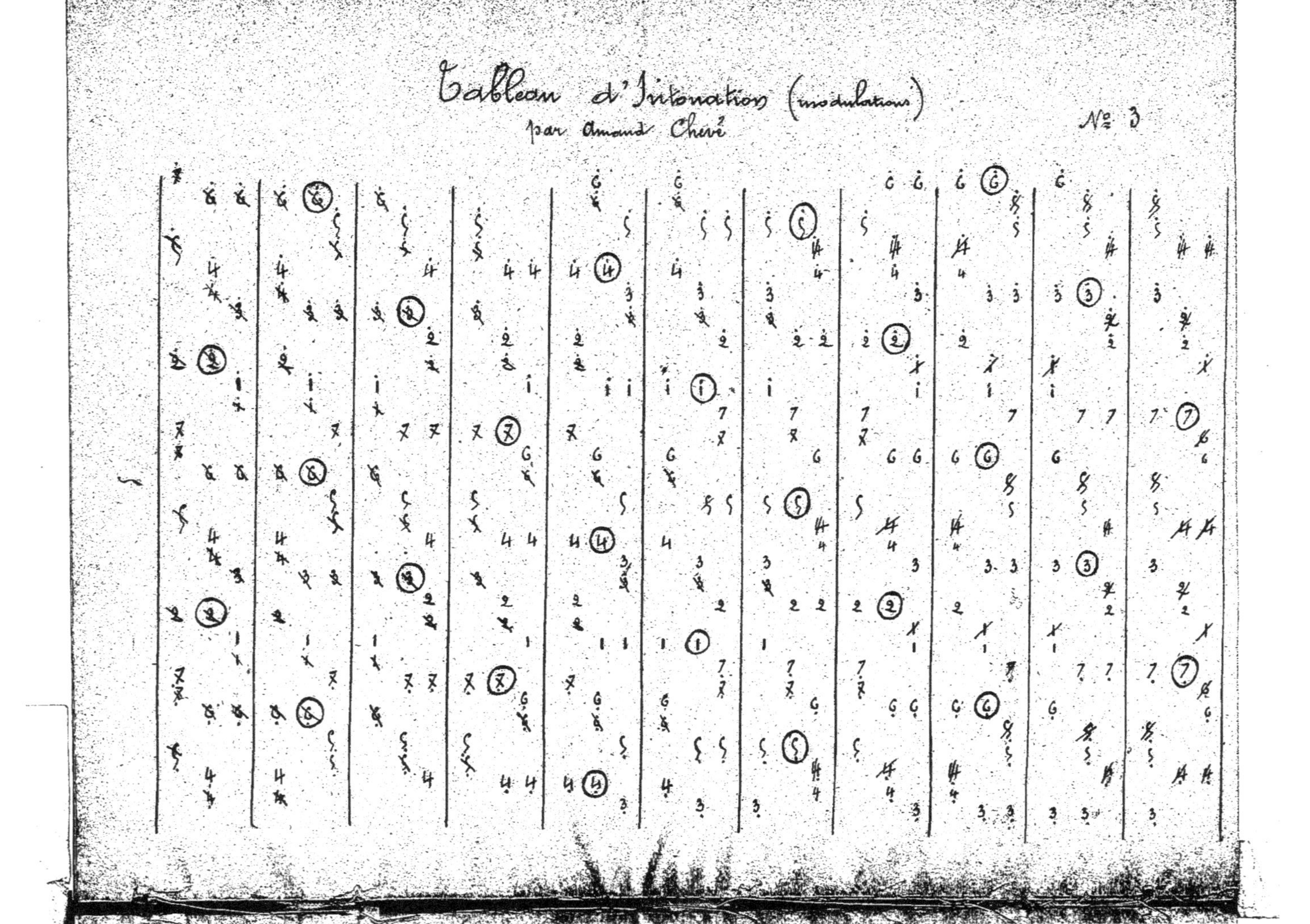
Tableau d'Intonation (modulations)
par Amand Chevé
N° 3

N° 2 Gammes.

	Diatoniques Majeure	Diatoniques Mineure	Chromatiques Dièses	Chromatiques Bémols	En harmoniques
(i)	(i)	(i ou 6)	(i)	(i)	(i)
1̸ 7 7̸	7	7 — 8̸	7	7	7
7̸ 6̸			6̸	7̸	6̸ 7̸
6	6		6	6	6
6̸ 8̸		6̸ — 4	8̸	6̸	8̸ 6̸
5	5	5 — 3	5	5	5
5̸ 4̸ 3̸			4̸	5̸	4̸ 5̸
4	4	4 — 2	4	4	4
3	3		3	3	3
4̸ 2̸			2̸		2̸
3̸		3̸ — 1		3̸	3̸
2	2	2 — 7	2	2	2
1̸ 2̸ 7̸			1̸	2̸	1̸ 2̸
(1)	(1)	(1 — 6)	(1)	(1)	(1)
7	7	7 — 8̸	7	7	7
1̸ 6̸ 7̸			6̸	7̸	6̸ 7̸
6	6		6	6	6
8̸ 6̸		6̸ — 4	8̸	6̸	8̸ 6̸
5	5	5 — 3	5	5	5

Nota : le mi doit être fait ainsi : 3 et non 3. Le sol doit être fait ainsi : 5 et non 5
Le Ré doit être fait ainsi : 2 et non 2 et enfin l'ut : 1 et non 1

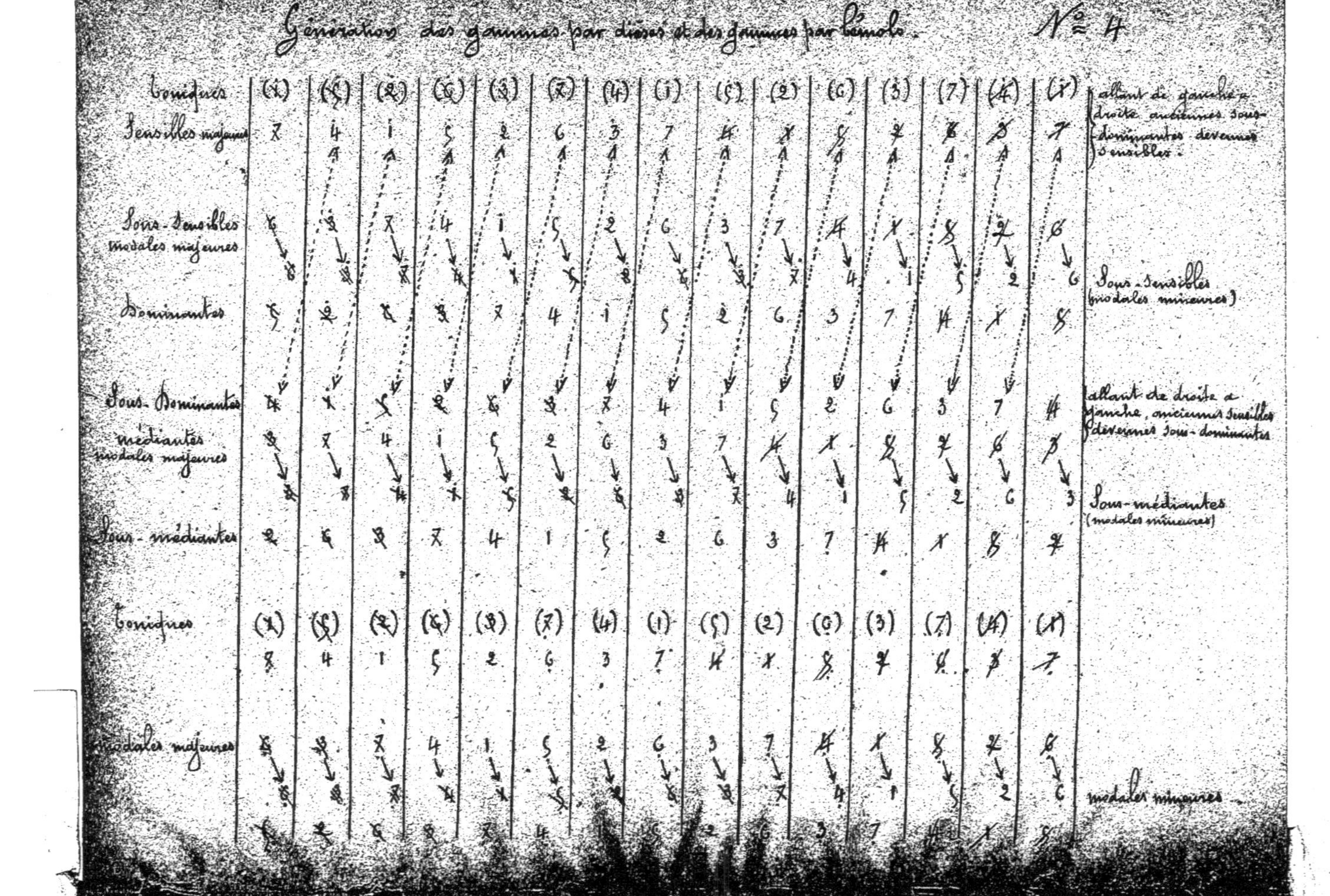
Tableau de Cadence
Génération des gammes par dièses et des gammes par bémols.
N° 4
Toniques
Sensibles majeures
Sous-Sensibles modales majeures
Dominantes
Sous-Dominantes
médiantes modales majeures
Sous-médiantes
Toniques
modales majeures
allant de gauche à droite anciennes sous-dominantes devenues sensibles.
Sous-Sensibles (modales mineures)
allant de droite à gauche, anciennes sensibles devenues sous-dominantes
Sous-médiantes (modales mineures)
modales mineures.

Les tableaux en toile rousse pour étude de la mesure seront peints par les soins du bord qui y fera reproduire les tableaux généraux de mesure en chiffres des pages 41 et 42 des exercices élémentaires de lecture musicale.

Le tableau N° 5 sera celui de la division binaire du temps, groupe 1, sans silences, page 41
— id — N° 6 — id — id — id — groupe 2, avec silences id
— id — N° 7 — id — id — id — ternaire du temps, groupe 1, sans silence, page 42
— id — N° 8 — id — id — id — id — groupe 2, avec silences id

Les tableaux pour l'étude de la portée musicale se feront de la manière suivante :

Le tableau N° 9, de 1 mètre carré environ, sera en toile rousse que l'on étendra bien sur un cadre de bois léger. Sur cette toile, le bord fera peindre en noir une portée muette d'après le Métrophaste de Galin ; les barreaux noirs seront égaux entre eux en largeur et en longueur, ils seront aussi également distants les uns des autres ; leur largeur ainsi que la distance qui les séparera sera, au moins, de quatre centimètres.

N° 9 Bémols Dièses

Le tableau N° 10, doit servir à l'instructeur pour l'enseignement de la théorie de la portée musicale et pour celui de la transposition. Le bord fera simplement peindre en blanc plusieurs portées musicales ordinaires sur lesquelles, avec de la craie, on pourra écrire les signes musicaux.

N° 10

1ère Partie
Musique en chiffres

1° Intonation

L'Instructeur devra connaître les explications indispensables qui sont en tête des exercices élémentaires de lecture musicale, page XI à page XVIII. Cela est essentiel car il doit scrupuleusement suivre, dans son enseignement, les recommandations qui y sont données par les auteurs.

Il est mieux de se servir, pour les premières leçons, du tableau N°1 (mode majeur) que de la Méthode elle même, en y montrant, cependant avec la baguette les exercices de cette Méthode pages 1. 2. 3. et 4.

Quand les élèves sauront assez bien ces exercices, l'instructeur fera chanter sur le livre d'étude jusqu'à la page 11, tout en ayant soin de reprendre, sur le tableau N°1, les intonations pour lesquelles les élèves éprouveraient trop de difficulté.

En effet reprendre sur le tableau l'exercice, dont on ne peut se rendre promptement maître en chantant sur la Méthode est un moyen de réussite à peu près certaine.

Ce qui précède s'applique aussi à l'étude du 2e livre mode mineur. Il est seulement évident que la 2e partie du tableau N°1 (mode mineur) devra être substituée à la 1re partie (mode majeur).

L'étude des dièzes et des bémols sera seulement entreprise, ainsi qu'il est dit aux explications de la page XI chapitre II des exercices élémentaires, lorsque les élèves se seront rendus maîtres du mode mineur jusqu'à la 6ème série inclusivement. L'Instructeur n'emploiera le tableau N°2 que s'ils ont de la difficulté à chanter correctement le livre III qui traite de cette partie de l'instruction.

C'est alors qu'il doit aussi se servir de la 2e partie du tableau N°2 (tableau des cinq modes). Chacune des colonnes sera chantée deux fois pendant douze leçons consécutives, à partir du moment où le cours aborde la page 25 de la petite Méthode.

Ici se termine l'étude des intervalles sous le rapport de la marche à suivre sur les Tableaux et sur la Méthode. Les quelques conseils qui suivent concernent quelques moyens pratiques pour l'enseignement simultané.

Il est nécessaire que, pour tous les exercices d'intonation qui se feront sur la Méthode, l'Instructeur frappe légèrement sur un objet, sur ce livre par exemple, un coup de baguette ou de règle pour marquer chacune des notes du groupe à l'étude.

Il doit aussi, pour l'étude des intervalles sur les tableaux, avoir soin de relever la baguette après avoir montré une note, et non la traîner sur la toile pour passer à une autre note.

Lorsque les élèves ne pourront franchir seuls une difficulté, ce qui sera la grande exception, si les conseils qui précèdent sont scrupuleusement suivis, l'instructeur chantera l'intervalle difficile que les élèves rechanteront immédiatement après lui.

Je le répète: Cela sera la grande exception, les exercices étant gradués de telle sorte qu'ils sont très aisément chantés, si l'on ne s'écarte pas de l'ordre indiqué. Ce serait, d'ailleurs, rendre un mauvais service aux élèves qui ne posséderont bien les intervalles que s'ils les ont découverts eux-mêmes. Cela serait, de plus, une fatigue inutile pour le maître.

Toutefois, il n'y a pas de règle sans exception: l'Instructeur suivra donc l'exception quand il ne pourra faire autrement.

A la lecture des intervalles l'instructeur joindra l'enseignement de leur écriture sous la dictée. Il faut, en effet, pour être musicien, non seulement lire un air écrit, mais encore écrire un air que l'on entend.

Voici comment il s'y prendra pour cette partie de l'intonation.

Après avoir préalablement donné le son de l'ut, toujours de départ, il vocalisera en chantant les notes à intervalles déjà connus, remplaçant par la voyelle a le nom de la note qu'il vocalise

[illegible]

[illegible] chacune des mains [illegible] sur le papier les notes qu'il a [illegible] reconnues.

Il les écrit simultanément en chiffres, ayant [illegible] par un petit trait horizontal chaque groupe de notes [illegible] celui qui le précède.

Exemple

Le transmetteur émet les notes 12345 par exemple, [illegible] écrivant en chiffres simultanément [illegible].

Le transmetteur émet 5432 par exemple, [illegible] écrivant simultanément [illegible].

[illegible]

chiffres 1745 4324.

[illegible]

des élèves, quelques modèles d'écriture sous la dictée [illegible] [illegible] notes [illegible] qui ne seront [illegible] [illegible].

La longueur de chacune des leçons que suivent [illegible] [illegible] une heure moyenne [illegible] [illegible].

Exercices d'écriture sous la dictée

[illegible] 12345 54321 12345 54321 12345 12345 54321 [illegible]

[illegible]

[illegible]

[illegible]

[illegible]

2ème Leçon - 12345 - 54321 - 12345 4321 - 122345 - 543321 - 12345 - 123345 - 135 - 531 - 1351 - 135531 - 113355 - 553311 - 13531 - 135 - 531 - 543222 - 522 - 52 - 52 - 51 - 1234441 - 141 - 141 - 14 - 41 - 12345 - 12354 - 12345 - 12453 - 12543 - 12534 - 5671 - 1765 - 1765 - 1765 - 11776655 - 17765 - 17665 - 17655 - 5671 - 5671 - 55671 - 56671 - 56711 - 1765 5671 - 1765671 - 176671 - 17671 - 1771 - 171 - 1765 - 54321 - 51 =

3ème Leçon - 12345 - 54321 - 13452 - 13425 - 13542 - 13524 - 13245 - 13254 - 13245 - 5671 - 1765 - 1756 - 1657 - 1675 - 1567 - 1576 - 1765 - 54321 - 5432 - 52 - 52 - 51 - 5251 - 5251 - 1234 - 14 - 141 - 141 - 14 - 4321 - 1234 5671 - 1765 4321 - 1234567 - 7654321 - 123456 - 654321 - 12345 - 54321 - 1234 5671 - 1765 432 - 176543 - 17654 - 17654 - 1765 - 176 - 171 - 1765 4321 - 1234 5671 765 431 - 1765 432 345671 - 123456 54321 - 1765 4345671 - 11 - 11 =

et ainsi de suite pour les autres leçons.

2e Mesure

L'étude de la Mesure ne doit être entreprise que lorsque les élèves se sont rendus maîtres du groupe 1, 1re série du mode majeur, comme il est dit aux explications indispensables page XI, 2e paragraphe des exercices élémentaires de lecture musicale.

Nous recommandons expressément pour tous les exercices de Mesure de ne jamais chanter un seul d'entre eux, 1° sans battre en même temps la mesure avec la main droite, en frappant toujours le coup fort, ce premier temps de la mesure, soit sur le genou, soit sur la paume de la main gauche étendue, afin que ce coup frappé en marque bien le commencement le point de départ exact.

2° Il faut que l'exercice chanté ait été, préalablement, parlé, en mesure, avec la langue des durées d'Aimé Paris.

L'Instructeur n'aura plus alors qu'à se conformer aux conseils qui sont clairement donnés à la deuxième partie de l'ouvrage précité (page 34 à page 40 inclusivement.)

Cette étude doit se faire lentement. Il faut reprendre souvent chaque numéro et, principalement, ceux des quatre premières pages 143, 144, 145, 146 et ne commencer les groupes de ces pages que lorsque les élèves chanteront, sans hésitation aucune, les colonnes qui y correspondent sur les tableaux généraux, N.os 5, 6, 7 et 8 (tableaux de mesure peints sur toile).

Enfin l'instructeur fera invariablement recommencer, si la régularité des temps est imparfaite ; car il faut, absolument, que la durée donnée à chaque signe soit celle qu'il a sur la Méthode.

A cette partie se rattache la lecture d'airs en chiffres et leur écriture sous la dictée.

Les premiers se trouvent à la fin des exercices élémentaires depuis la page 53. Au bas de la page précédente Chevé indique quand on doit les commencer.

On peut en lire deux ou trois par leçon, et si le temps le permet, on peut en [illegible]. Ces exercices de lecture sont excellents. Voici comment l'instructeur les fera lire.

D'abord les élèves parleront l'air avec la langue des durées, en battant toujours la mesure de la main droite et en frappant le premier temps sur le genou ou sur la paume de la main gauche. La langue des durées dite, l'air sera à moitié su. L'instructeur en indiquera le ton, le fera prendre à ses auditeurs au moyen du diapason et, seulement alors, il fera chanter l'air qui est à l'étude.

Quant au choix des airs à écrire sous la dictée, l'instructeur peut les composer suivant le degré d'instruction des élèves. On en donne cependant ci-après une quarantaine de ceux qui servent généralement pour cette espèce d'exercices qu'on doit commencer seulement vers la 15e et de deux en deux jours.

Les notes de l'air à écrire sous la dictée seront vocalisées aux élèves qui, tout à la fois, les nommeront en les chantant et les écriront en chiffres, en les séparant un peu les unes des autres, mais sans petit trait comme pour les mêmes exercices dans l'intonation seule. Cette distance entre les chiffres leur permettra de mettre les points, les zéros, les barres de mesure, s'il y aurait lieu d'ajouter pour compléter l'air.

L'Instructeur solfiera ensuite le morceau en mesure, sans battre naturellement cette mesure que les élèves doivent reconnaître.

Il solfie une seconde fois, en battant le premier temps, les élèves, reconnaissant alors, la première note de chaque mesure, nomment cette note et, en même temps font la barre de mesure.

Il solfie une troisième fois le morceau, mais mesure par mesure seulement, laissant entre chacune d'elles assez d'intervalle, pour que les élèves, récitant cette mesure en langue des durées, indiquant ainsi, les signes qu'ils doivent mettre pour terminer complètement l'écriture de l'air dicté.

L'Instructeur enfin, fait chanter lentement ce morceau écrit et le donne à copier pour la leçon suivante. C'est là un devoir très-utile.

Exemple pour écrire un air

Soit à écrire sous la dictée: No 4 de ceux qui suivent:

51/7./46/50/65/67/12/31/51/3/45/50/72/5./6782/1: II

L'Instructeur vocalisant: a a a.

Les élèves chantant, nommant et écrivant: 51/7.

L'Instructeur vocalisant a a a.
Les élèves chantant en 4: 4 6 5.
&c. &c.......
L'Instructeur vocalisant l'avant dernière et la dernière mesure: a a a a a
Les élèves chantant en 6 7 3 2 1
L'Instructeur solfiant tout l'air en mesure, mais sans battre cette mesure.
5 1 / 7. / 4 6 / 5 0 / 6 5 / 6 .... 6 7 3 2 / 1. ‖
Les élèves: deux temps.
L'Instructeur solfiant une seconde fois en battant la mesure et frappant le premier temps: 5 1 / 7. / 4 6 / 5 0 / ... / 5. / 6 7 3 2 / 1. ‖
Les élèves mettant la barre de mesure et ne nommant, en mettant cette barre, que la première note de chaque mesure, ainsi: 5 7 4 5 6 6 1 6 &ca.
L'Instructeur solfiant une troisième fois mesure par mesure: 5 1
Les élèves répondant suivant la langue des durées ta ta, ils laissent 5 1.
L'Instructeur continuant: 7.
Les élèves répondant ta a, point après 7. &ca.
L'Instructeur l'avant dernière mesure: 6 7 3 2
Les élèves: ta té, ta té, barre la si, barre mi ré, ils mettent une barre sur 6 7 et une sur 3 2.
Ainsi se trouvera écrit l'air que l'instructeur fera chanter par les élèves et leur donnera à copier en devoir.

Modèles d'airs à écrire sous la dictée

N°. 1 – ton de Ré – ta. (1–1)

12 / 3 4 / 5 6 / 5. / 1 / 7 / 4 / 6 5 / 3. / 1 2 / 3 4 / 5 6 / 7 1 / 7 6 / 5 4 / 3 2 / 1 0 ‖

N°. 2 – ton de Ré – ta. (1–1)

3 2 1 / 1. 3 / 5 / 7 / 7. 6 / 4 4 5 / 7. 6 / 5 4 2 / 1. 0 ‖

N°. 3 – ton de Ré ta. (1–2)

1. 3 5 / 5. 5 / 1. 2 1 / 1. 7 0 / 6. 7 2 / 5. 5 / 7 5 4 2 / 1. 0 ‖

N° 4 – ton de La, ta, taté (3 – 3)

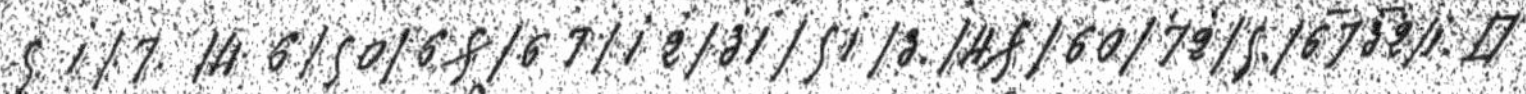

5 1 / 7 . 4 6 / 5 0 / 6 5 / 6 7 / 1 2 / 3 1 / 5 1 / 2 . 4 5 / 6 0 / 7 2 / 5 . / 6 7 3 2 / 1 . ‖

N° 5 – ton de Ré – ta, taté (1 – 2)

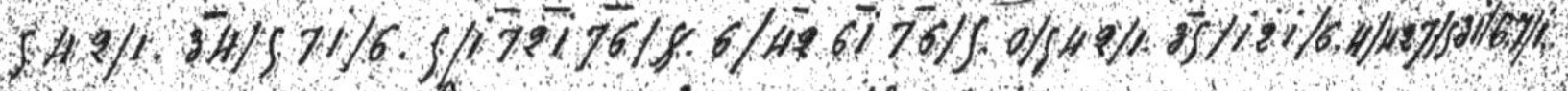

5 4 2 / 1 . 3 4 / 5 7 1 / 6 . 5 / 1 7 2 1 7 6 / 5 . 6 / 4 2 6 1 7 6 / 5 . 0 / 5 4 2 / 1 . 3 5 / 1 2 1 / 6 . 4 / 4 2 7 / 3 1 / 6 7 / 1

N° 6 – ton de ré – ta, taté (7 – 2)

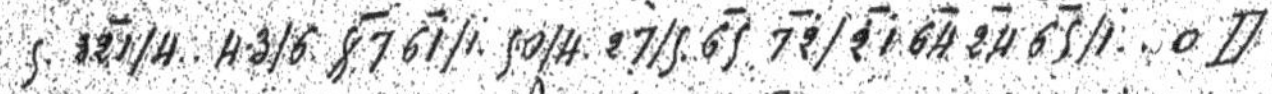

5 . 3 2 1 / 4 . 4 3 / 6 . 5 7 6 1 / 1 . 5 0 / 4 . 2 7 / 5 . 6 5 7 2 / 2 1 6 4 2 4 6 5 / 1 . . 0 ‖

N° 7 – ton de Ré – ta, taté (1 – 2)

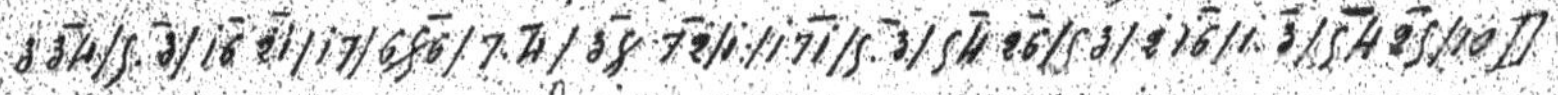

3 3 4 / 5 . 3 / 1 6 2 1 / 1 7 / 6 5 6 / 7 . 4 / 3 5 7 2 / 1 . / 1 7 1 / 5 . 3 / 5 4 2 6 / 5 3 / 2 1 6 / 1 . 3 / 5 4 2 5 / 1 0 ‖

N° 8 – ton de Ré – ta, taté (7 – 3)

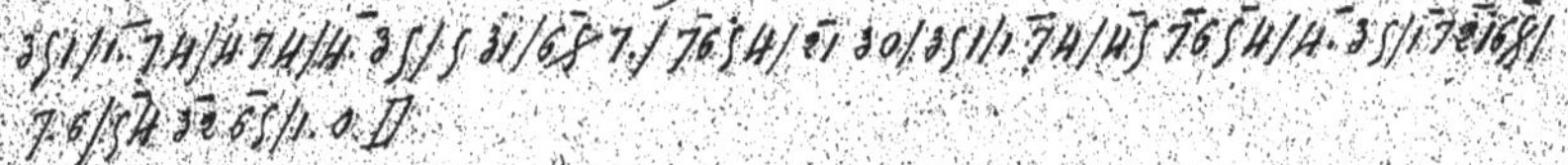

3 5 / 1 / 1 . 7 4 / 4 7 4 / 4 . 3 5 / 5 3 1 / 6 5 7 . / 7 6 5 4 / 2 1 3 0 / 3 5 / 1 / 1 . 7 4 / 4 5 7 6 5 4 / 4 . 3 5 / 1 7 2 1 6 5 / 7 6 / 5 4 3 2 6 5 / 1 . 0 ‖

N° 9 – ton de Ré – ta, taté (6 – 2)

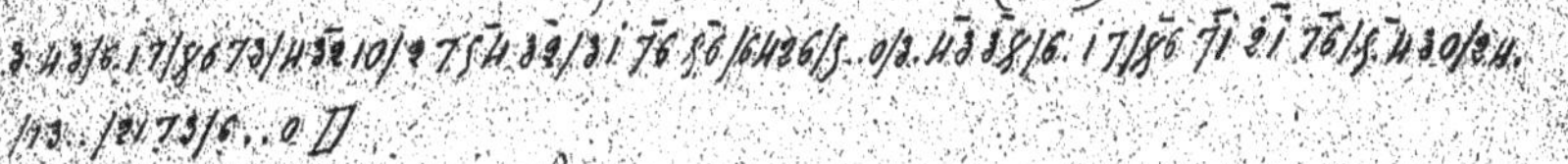

3 . 4 3 / 6 . 1 7 / 6 7 2 / 4 3 2 1 0 / 2 7 5 4 3 2 / 3 1 7 6 5 6 / 6 4 2 6 / 5 . . 0 / 2 . 4 3 3 5 / 6 . 1 7 / 5 6 7 1 2 1 7 6 / 5 . 4 3 0 / 2 4 . / 1 2 . / 2 1 7 2 / 6 . . 0 ‖

N° 10 – ton de Ré – ta, taté (1 – 4)

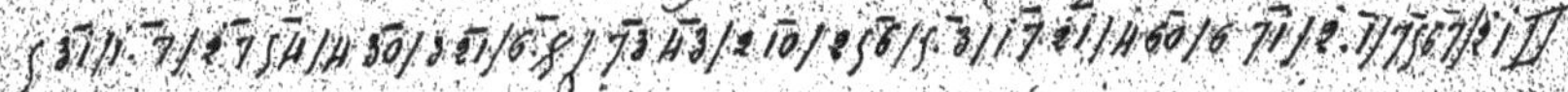

5 3 7 / 1 . 7 / 2 7 5 4 / 4 3 0 / 3 2 1 / 6 . 5 / 7 3 4 3 / 2 1 0 / 2 5 6 / 5 . 3 / 1 7 2 1 / 4 6 0 / 6 7 1 / 2 . 7 / 7 5 6 7 / 2 1 ‖

N° 11 – ton de Sen – ta, taté (1 – 4)

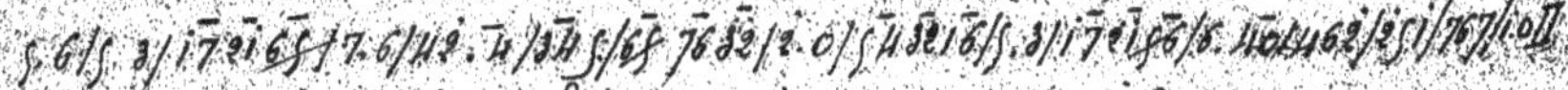

5 6 / 5 . 3 / 1 7 2 1 6 5 / 7 . 6 / 4 2 . 4 / 3 4 5 / 6 5 7 6 3 2 / 2 . 0 / 5 4 3 2 1 6 / 5 . 3 / 1 7 2 1 6 6 / 6 . 4 0 4 4 6 2 / 2 5 / 7 6 7 / 1 0 ‖

N° 12 – ton de Sen – ta, taté (4 – 1)

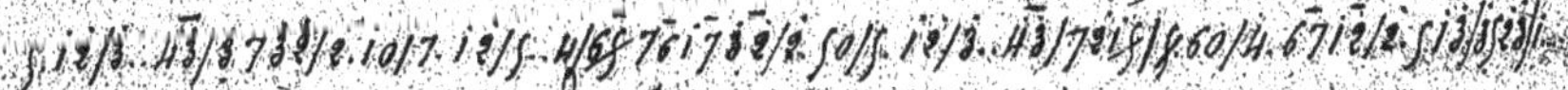

5 1 2 / 3 . . 4 3 / 3 7 3 2 / 2 . 1 0 / 7 . 1 2 / 5 . . 4 / 6 5 7 6 1 7 3 2 / 2 . 5 0 / 5 . 1 2 / 3 . . 4 3 / 7 2 / 5 / 5 6 0 / 4 . 6 7 1 2 / 2 . 5 1 3 / 3 5 2 3 / 1

N° 13 – ton de Ré – ta, taté (5 – 2)

3 4 5 6 / 5 1 3 5 / 1 7 2 4 / 6 5 0 / 6 5 7 3 / 4 3 2 1 / 7 2 6 5 / 5 3 0 / 3 4 5 6 / 5 . 1 / 1 7 2 1 / 5 6 0 / 7 6 4 2 / 7 5 1 3 / 6 5 7 5 / 1 . 0 ‖

N° 14 – ton de Ré – ta, taté (7 – 2)

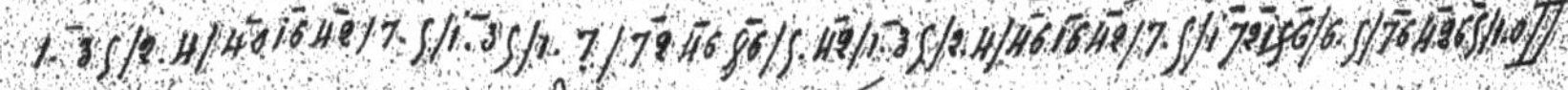

1 . 3 5 / 2 . 4 / 4 2 1 6 4 2 / 7 . 5 / 1 . 3 5 / 1 . 7 / 7 2 4 6 5 6 / 5 . 4 2 / 1 . 3 5 / 2 . 4 / 4 6 1 6 4 2 / 7 . 5 / 1 7 2 1 5 6 / 6 . 5 / 7 6 4 3 6 5 / 1 0 ‖

N° 15 – ton d'Ut – ta, taté (7 – 3)

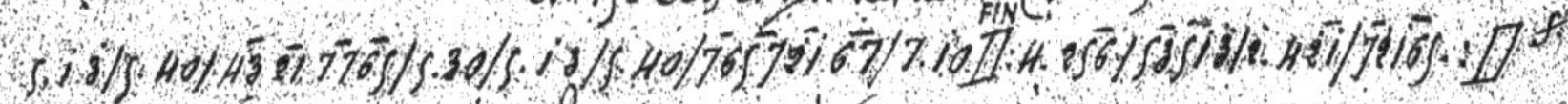

5 . 1 3 / 5 . 4 0 / 4 5 2 1 7 7 6 5 / 5 . 3 0 / 5 . 1 3 / 5 . 4 0 / 7 6 5 7 2 1 6 7 / 7 . 1 0 ‖ FIN 4 . 2 5 6 / 5 3 5 3 / 2 . 4 2 1 / 7 2 1 6 / 5 . 3 ‖ D.S.

N° 16 – ton d'Ut – ta, taté (1 – 3)

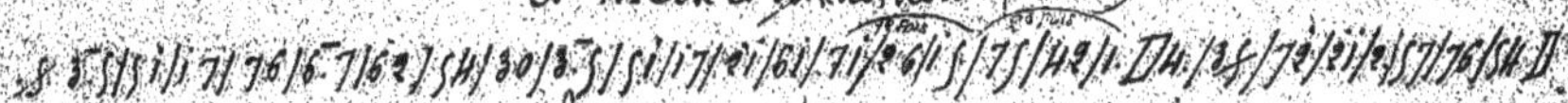

5 . 3 5 / 5 1 / 1 7 / 7 6 / 6 . 7 / 6 2 / 5 4 / 3 0 / 3 . 5 / 5 1 / 1 7 / 2 1 / 6 1 / 7 1 / 2 6 / 1 5 / 7 5 / 4 2 / 1 . ‖ 4 / 3 5 / 7 2 / 2 1 / 2 5 / 7 / 7 6 / 5 4 ‖ D.S.

N° 17 – ton de Sen . ta, taté (2 – 3)

5 3 0 1 / 1 . 7 0 / 4 2 6 / 6 . 5 0 / 3 5 1 7 2 1 / 4 . 6 0 / 6 5 7 1 7 6 / 5 . 4 2 / 3 . 5 1 / 1 . 7 0 / 4 . 3 6 / . 6 . 5 0 / 5 3 2 1 7 1 / 5 . 6 / 7 5 4 2 2 3 / 1 . ‖

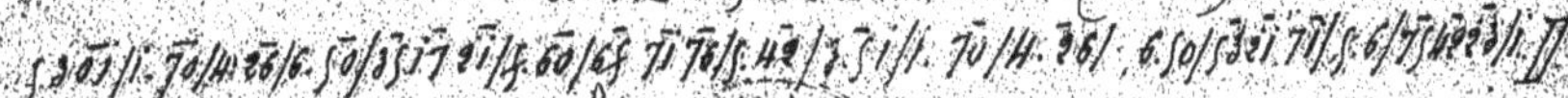

N° 18 – ton de Mosit, ta, tatété (1 – 1)

3 2 1 / 5 . 3 3 2 1 / 6 . 6 5 6 / 7 3 4 4 3 2 / 3 . 1 3 2 1 / 5 . 3 3 4 / 5 6 7 1 / 5 3 1 7 6 5 / 1 . ‖

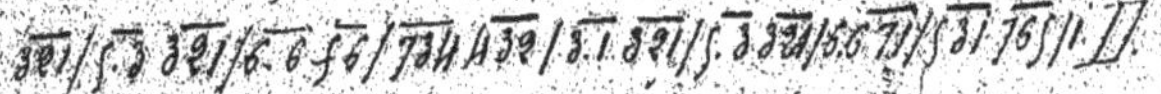

N° 19 – Ton de Ré . ta, ta, té, ti (1 - 3)

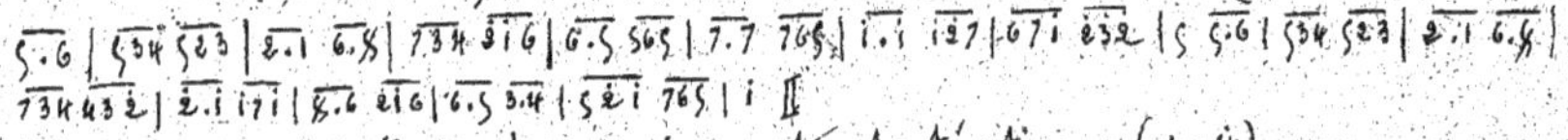

5.6 | 534 523 | 2.1 6.8 | 734 316 | 6.5 565 | 7.7 765 | 1.1 127 | 671 232 | 5 5.6 | 534 523 | 2.1 6.8 |
734 432 | 2.1 171 | 8.6 216 | 6.5 3.4 | 521 765 | 1 ||

N° 20 – Ton de Sen – ta - ta, té, ti (1 - 4)

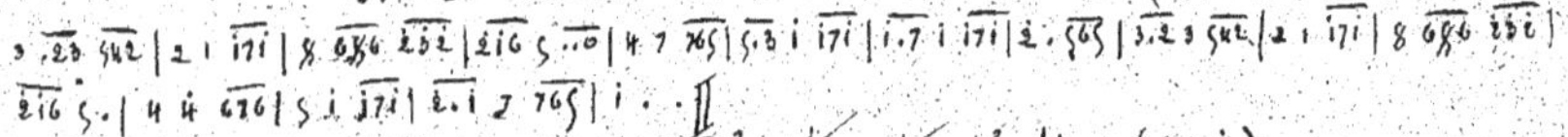

3 .23 542 | 2 1 171 | 8 686 232 | 216 5 ..0 | 4 7 765 | 5.3 1 171 | 1.7 1 171 | 2 . 565 | 3.2 3 542 | 2 1 171 | 8 686 232 |
216 5 . | 4 4 676 | 5 1 171 | 2.1 2 765 | 1 . . ||

N° 21 – Ton de Ré – ta – ta, té, ti, (6 - 2)

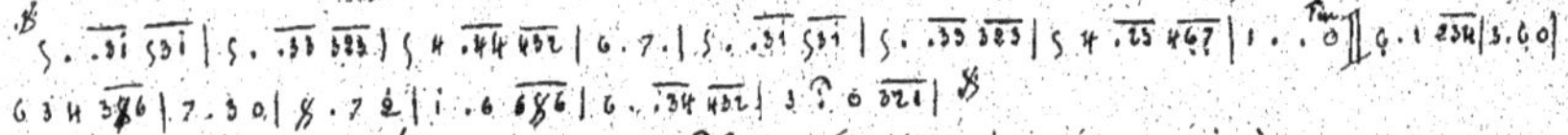

5 . .31 531 | 5 . .33 323 | 5 4 .44 432 | 6 . 7 . | 5 . .31 531 | 5 . .33 323 | 5 4 .25 467 | 1 . . 0 (fin) || 6 . 1 234 | 3 . 6 0 |
6 3 4 386 | 7 . 3 0 | 8 . 7 2 | 1 . 6 686 | 6 . .34 432 | 3 ? 0 321 |

N° 22 – Ton de Ré – ta – ta, té, ti (5 - 2)

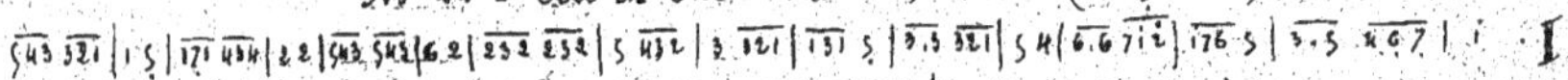

543 321 | 1 5 | 171 434 | 2 2 | 543 542 | 6 2 | 232 232 | 5 432 | 3 321 | 131 5 | 3.3 321 | 5 4 | 6.6 712 | 176 5 | 3 . 5 467 | 1 . ||

N° 23 – Ton de La – ta – ta, ta, ti. (7 - 4)

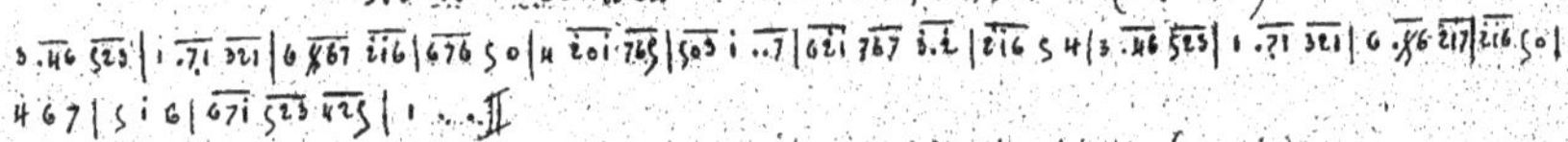

3 .46 523 | 1 .71 321 | 6 867 216 | 676 5 0 | 4 201 765 | 503 1 ..7 | 621 767 3.2 | 216 5 4 | 3 .46 523 | 1 .71 321 | 6 .86 217 | 216 5 0 |
4 6 7 | 5 1 6 | 671 523 425 | 1 . . . ||

N° 24 – Ton de Sen – ta – ta, té, – ta, té, ti (1 - 3)

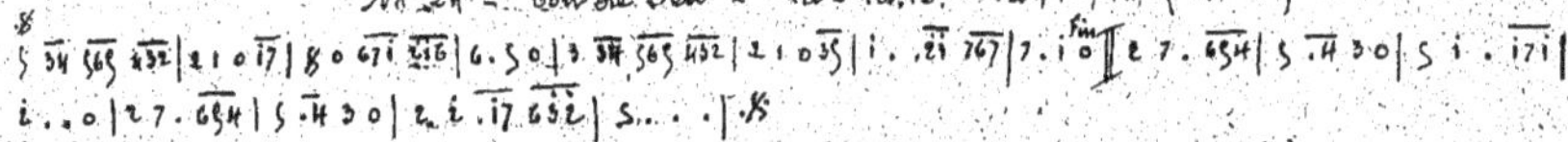

5 34 565 432 | 2 1 0 17 | 8 0 671 216 | 6 . 5 0 | 3 34 565 432 | 2 1 0 35 | 1 . .21 767 | 7 . 1 0 (fin) || 2 7 . 654 | 5 .4 3 0 | 5 1 . 171 |
1 . . 0 | 2 7 . 654 | 5 .4 3 0 | 2 1 .17 632 | 5 . . . |

N° 25 – Ton de Si – ta – ta, té – ta, te, ti. (6 - 3)

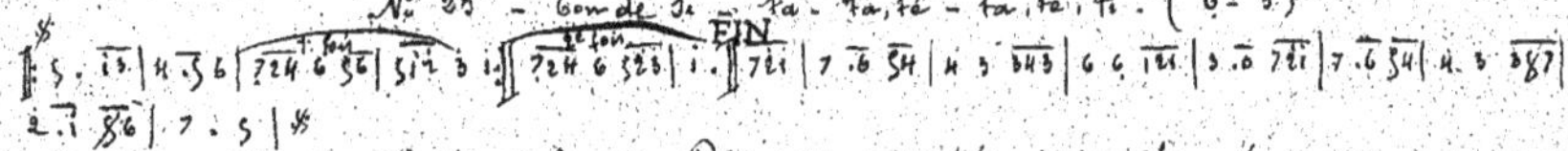

|: 5 . 13 | 4 .56 | (1re fois) 724 6 56 | 512 3 1 :|| (2e fois) 724 6 523 | 1 . FIN || 721 | 7 .6 54 | 4 3 343 | 6 6 121 | 3 .0 721 | 7 .6 54 | 4 . 3 387 |
2 .1 86 | 7 . 5 |

N° 26 – Ton de Ré – ta – ta, té – tafa, téfé – (3 - 3)

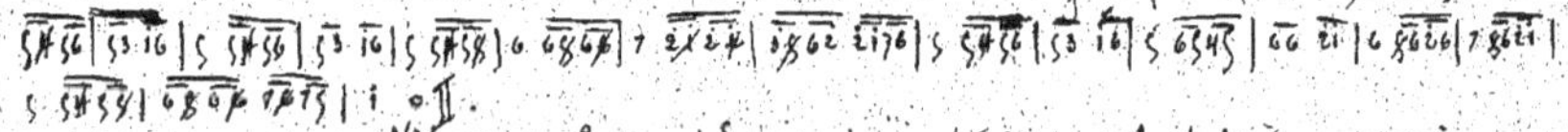

5456 | 53 16 | 5 5456 | 53 16 | 5 5458 | 6 6868 | 7 2424 | 3862 2176 | 5 5456 | 53 16 | 5 6345 | 66 21 | 6 8626 | 7 8621 |
5 5455 | 6868 7875 | 1 0 ||

N° 27 – Ton de La – ta – ta, té – tafa, téfé (1 - 4)

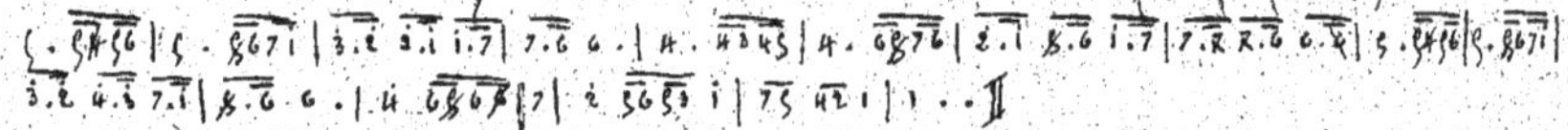

5 . 5456 | 5 . 8671 | 3.2 3.1 1.7 | 7.6 6 . | 4 . 4345 | 4 . 6876 | 2.1 8.6 1.7 | 7.2 2.6 6.8 | 5 . 5456 | 5 . 8671 |
3.2 4.3 7.1 | 8.6 6 . | 4 6868 | 7 | 2 3653 1 | 75 421 | 1 . . ||

N° 28 – Ton d'ut – ta – ta, té – tafa, téfé (1 - 3)

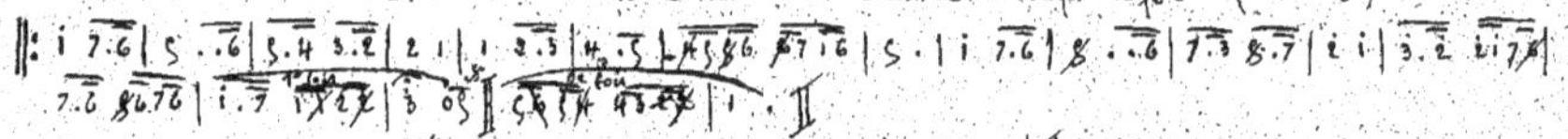

|: 1 7.6 | 5 ..6 | 5.4 3.2 | 2 1 | 1 2.3 | 4 .5 | 4586 8716 | 5 . | 1 7.6 | 8 ..6 | 7.3 8.7 | 2 1 | 3.2 2178 |
7.6 8676 | (1re fois) 1.7 1727 | 3 05 :|| (2e fois) 5654 4327 | 1 . ||

N° 29 – Ton de Si – ta – ta, té – tafa, téfé, (2 - 3)

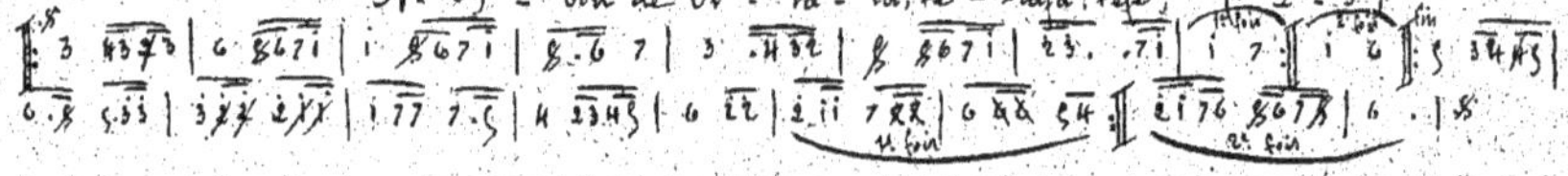

|: 3 4373 | 6 8671 | 1 8671 | 8.6 7 | 3 .432 | 8 8671 | 23 . .71 | (1re fois) 1 7 :|| (2e fois) 1 6 (fin) || 5 3445 |
6.8 5.33 | 377 277 | 177 7.5 | 4 2345 | 6 22 | (1re fois) 2.11 722 | 6 22 54 :|| (2e fois) 2176 8678 | 6 . |

N° 30 – Ton de Si – ta – ta, té – tafa, téfé – (5 - 7)

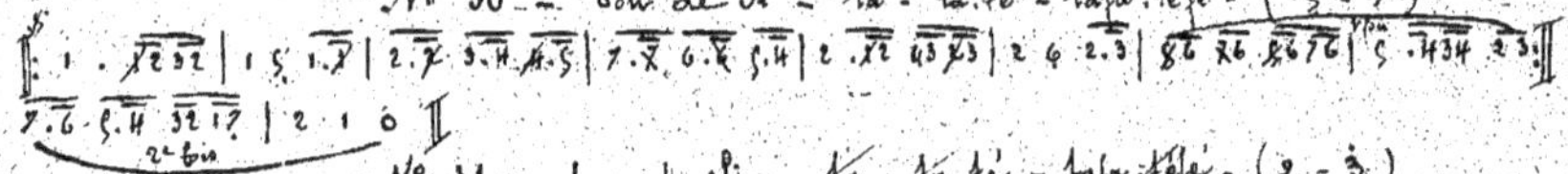

|: 1 . 7232 | 1 5 1.7 | 2.7 3.4 4.5 | 7.7 6.7 5.4 | 2 .72 4373 | 2 6 2.3 | 86 76 8676 | (1re fois) 5 .434 23 :||
(2e fois) 7.6 5.4 3217 | 2 1 0 ||

N° 31 – Ton de Si – ta – ta, té – tafa, téfé – (2 - 3)

5 4564 | 5 .3 | 37 21 | 1.7 7.6 | 4 2345 | [illegible] | 74 65 | 3 44 | 5 4564 | 5 .3 | 37 21 | 1.7 7.6 |
42 045 | 35 17 | 4565 4532 | 2 1 0 ||

N° 32 – Ton de fa – ta – ta, té – tafa téfé (4 – 7)

5 3 3 4 3 3 2 3 2 | i 5 4 5 6 4 | 2 0 7 2 4 5 6 5 | 3 4 3 2 i 5 i | 3 0 7 3 4 3 2 3 2 | i 5 0 4 5 | 7 5 2 0 4 5 |
2 i 4 6 5 0 ‖ 5 . 2 3 4 3 2 5 | i . 0 ‖ 4 . 4 5 | 3 . 2 i | 7 2 . i . 5 | 6 5 5 5 | 4 . 4 5 | 3 . 2 i | 2 3 4 2 | 5 . . |

(1re fois) (2e fois) Fin

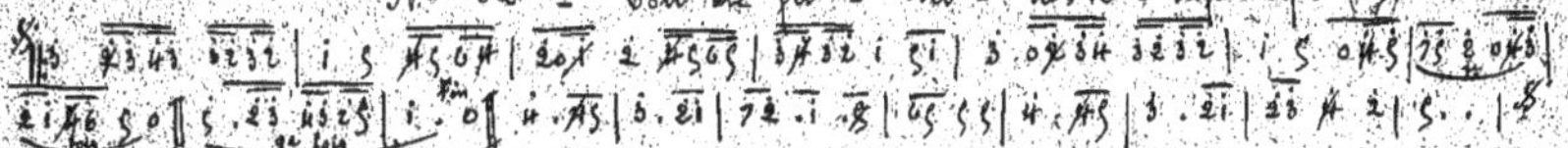

N° 33 – Ton de Ré – ta – ta, té – tafa, téfé – (5 – i)

5 0 4 3 2 | 1 5 1 3 | 5 4 6 i 7 4 | 0 5 0 | 4 3 4 3 | 2 6 7 i | 2 4 5 7 6 4 | 5 3 4 4 | 5 0 4 3 2 | 1 5 1 3 |
5 4 6 i 7 4 | 0 7 | 7 4 0 5 0 | 1 3 4 3 | 2 3 4 2 7 5 4 2 | 1 . ‖ 2 3 4 | 6 5 | 6 7 6 5 | 5 4 | 7 5 7 | 6 4 5 | 7 6 7 3 | 4 3 4 ‖

Fin

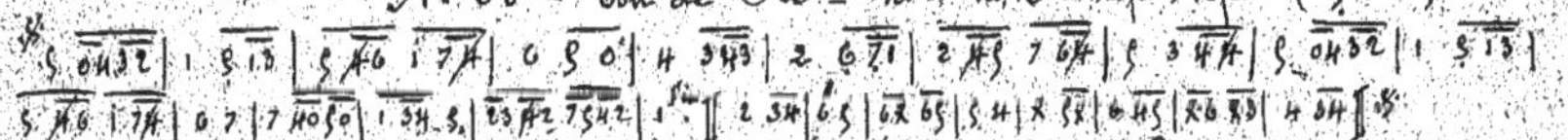

N° 34 – Ton d'ut – ta – taté – tarala, térélé – (1 – 2)

‖: 5 6 5 6 7 6 5 | 5 3 1 | 7 2 6 | 7 2 7 5 | 5 6 5 4 7 6 5 | 5 3 1 | 2 4 6 2 | 7 6 5 ‖ 2 5 . 4 3 2 | 2 1 ‖ 7 6 5 | 6 5 4 | 4 7 7 |
7 i 2 i | 7 6 5 | 6 5 4 | 5 2 1 3 | 4 1 |

(1re fois) (2e fois) Fin

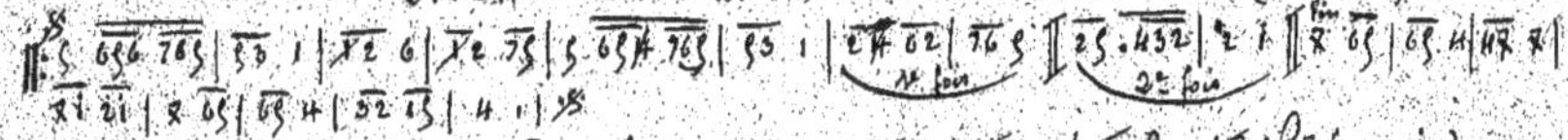

N° 35 – Ton d'ut – ta – taté – tarala, térélé (1 – 2)

3 . 2 i | 1 . 2 3 4 5 6 5 | 7 . 4 6 | 5 5 4 5 6 7 6 5 | 4 2 3 4 5 | 6 . 7 6 5 7 i 2 i 7 6 | 6 5 4 3 | 3 2 0 | 1 5 2 | 1 . 2 3 4 5 7 6 |
6 . 7 i | 7 . 2 | 2 i 7 2 i 4 | 7 6 . | 7 6 i . 5 6 7 | i . . ‖

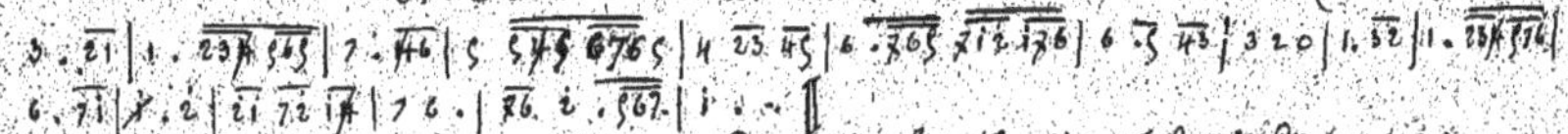

N° 36 – Ton de Ré – ta – taté – tafa, téfé – tarala, térélé – (5 – 2)

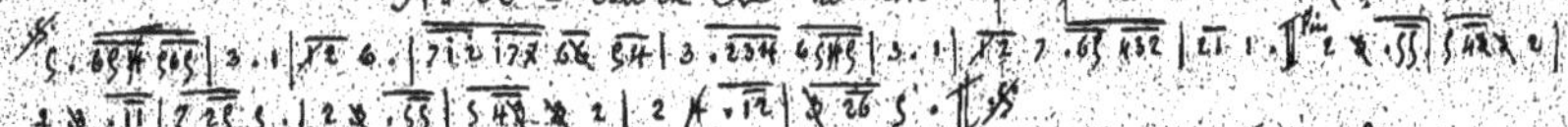

5 . 6 5 4 5 6 5 | 3 . 1 | 7 2 6 . | 7 i 2 i 7 7 6 6 5 4 | 3 . 2 3 4 6 5 4 5 | 3 . 1 | 7 2 7 . 6 5 4 3 2 | 2 1 1 . ‖ 2 2 . 5 5 | 5 4 2 2 2 |
2 2 . i i | 7 2 5 5 . | 2 2 . 5 5 | 5 4 2 2 2 | 2 4 . i 2 | 2 2 6 5 . ‖

Fin

N° 37 – Ton d'ut – ta – taté – tatété – tafatéfé – tarala térélé (1 – 3)

5 6 5 | 3 . 4 5 | 6 7 i 2 i 5 | 6 7 2 i 5 | 4 7 2 | 6 i 5 | i 7 3 2 i 3 | 2 0 5 | 5 6 5 | 3 . 5 | 7 7 i 7 | 7 6 6 | 7 i 2 2 i 7 6 |
7 . 6 5 3 2 i | 5 2 3 2 | i . ‖

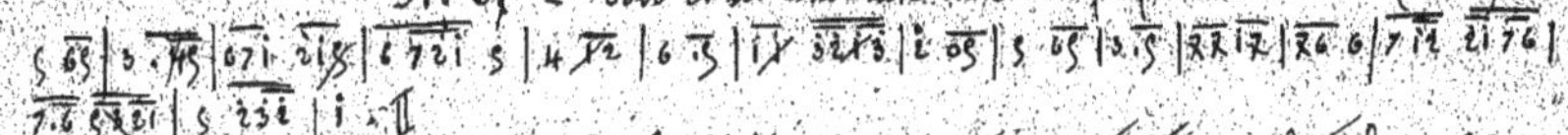

N° 38 – Ton d'ut – ta – taté – tatété – tafa téfé – tarala térélé (1 – 3)

3 . 2 i 3 2 | 2 3 2 1 . 0 3 4 5 | 5 3 5 i 4 5 2 i 7 6 | 6 7 i 7 3 4 5 0 3 | 3 . 2 i 3 2 | 2 3 2 1 . 7 7 7 | 6 . 6 7 i 7 5 6 7 i |
7 . i 2 3 i . ‖

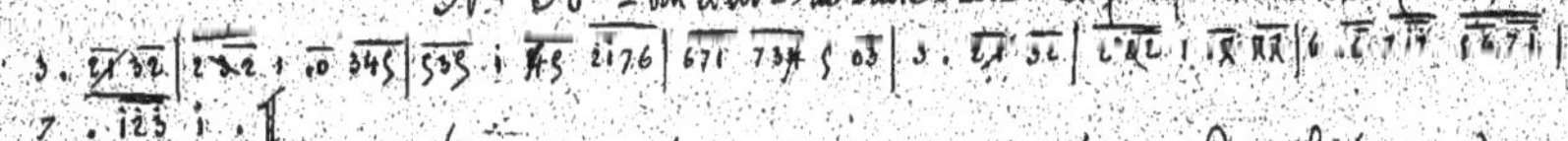

N° 39 – Ton de La – ta – taté – tatété – tafa téfé – tarala térélé (5 – 6)

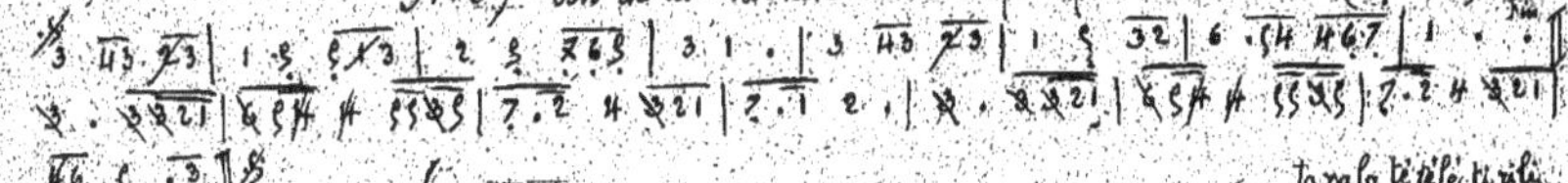

3 4 3 . 2 3 | 1 5 5 4 3 | 2 5 7 6 5 | 3 1 . | 3 4 3 7 3 | 1 5 3 2 | 6 . 5 4 4 6 7 | 1 . . ‖
3 . 3 3 2 1 | 6 5 4 4 5 5 3 5 | 7 . 2 4 3 2 1 | 2 . 1 2 . | 2 . 2 3 2 1 | 6 5 4 4 5 5 3 5 | 7 . 2 4 3 2 1 |
4 6 5 . 3 ‖

Fin

N° 40 – Ton d'ut – ta – taté – tafa téfé – tifi – tatéti – tafa téfé – tarala, térélé (1 – 3)

tr pala té télé ti rili

3 2 1 | 5 . 4 2 | . 2 3 4 4 3 2 3 2 | 1 . 5 i 5 | . 3 3 3 2 3 | 5 . 4 2 | 2 2 3 4 3 2 3 | 1 . ‖ 0 2 |
4 . 3 2 | 5 . 7 6 5 | 4 2 7 2 3 2 5 7 | 6 . 6 5 6 | 7 . i 2 3 | 5 4 4 6 | 5 2 4 3 2 5 | 1 ‖

Fin

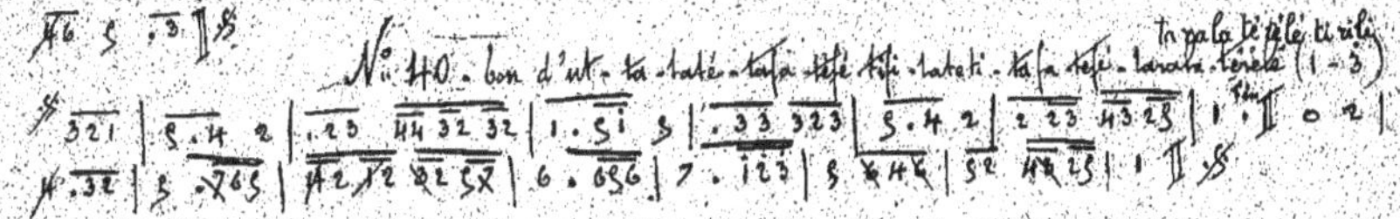

Fin de la première partie du Guide (Musique en chiffres)

2ème Partie

Portée musicale.

1º Intonation.

Deux mots seulement sur cette seconde partie pour laquelle l'Instructeur trouvera tous les renseignements nécessaires dans la Méthode complète (2e partie)

Le but des cours de musique dans la Marine est de faire chanter des chœurs à bord; or tous ceux du répertoire sont écrits ou imprimés en chiffres. Pour les chœurs non encore transcrits de cette manière, l'instructeur doit connaître la traduction en chiffres d'un morceau sur la portée. Il fait donc ce travail lui même jusqu'à ce que des élèves de son cours soient [illegible]

Dès que ces élèves le sauront, ils devront faire la traduction eux-mêmes. Ce sera là un devoir que leur corrigera le maître.

L'enseignement de la lecture sur la portée et de la traduction en chiffres sera faite suivant le Méloplaste de Galin.

L'Instructeur fera chanter sur ce tableau en changeant, à chaque leçon, la place de l'Ut, de manière à donner alternativement à chacun des barreaux (blanc ou noir) le nom de toutes les notes de la gamme et à apprendre ainsi aux élèves à transposer rapidement. Il ne doit faire chanter de cette manière que des intervalles faciles.

Il ne faut pas que ceux qui apprennent à déchiffrer ces nouveaux signes soient le moindrement embarrassés pour l'intonation. Au commencement de cet exercice il est indispensable que l'instructeur fasse chanter plusieurs fois, en montant, puis en descendant les gammes et les accords parfaits majeurs ou mineurs, ut mi sol ut et la ut mi la, suivant que l'on étudie de cette manière le mode Majeur ou le mode Mineur. La place de chaque note déterminée, la lecture de l'exercice est de beaucoup simplifiée.

Pour montrer sur cette portée muette les dièses et les bémols, on touche du bout de la baguette 1° pour les dièses, du côté droit de la portée, 2° pour les bémols, du côté gauche, réservant le milieu pour les notes de la gamme d'Ut (Tableau N°. 9.)

2°. Mesure

Lorsque les élèves liront à courir sur la portée muette, mais seulement alors, l'étude des signes eux mêmes pourra être abordée. L'Instructeur les enseignera au moyen du Tableau N°. 10, après avoir écrit à la craie sur les portées de ce tableau les signes musicaux (rondes, blanches, noires, croches, 1/2 croches, soupirs, etc.

On comprend avec la facilité avec laquelle les élèves suivront sur la portée, puisqu'ils savent déjà chanter en chiffres, les mêmes exercices. Ils possèdent intonation et mesure avec cette écriture, ce n'est donc plus qu'un changement de signes. Ne liraient-ils même pas en courant la musique sur la portée, du moins ils pourront toujours la traduire en système Galin-Paris-Chevé, et le but sera rempli.

Voir un morceau en chiffres qu'ils chanteront en se jouant.

Cela n'est pas dit pour arrêter le cours en bon chemin, mais pour montrer que, sans aller plus loin dans cette étude, (ce qui certes est utile) on peut, en restant en deça, suffire à tout, et exécuter quelque morceau que ce soit, puisqu'on arrive toujours à savoir le traduire en chiffres.

Dès que les élèves connaîtront un peu la lecture sur la portée musicale, il faudra donner comme devoir la transposition sur cette portée des exercices de vocalisation qui précèdent.

Fin de la deuxième partie du Guide. (Musique sur la portée)

3ème Partie.

Théorie musicale.

La théorie sera commencée à la 10ème leçon.

L'Instructeur trouvera tous les détails nécessaires dans la *méthode élémentaire de musique vocale*, appelée aussi la grande méthode et signalée après les exercices élémentaires au 3e du matériel d'enseignement, page 3 du guide. La théorie termine la méthode précitée depuis la page 273 à 312 et dernière.

Ce qui suit en est un résumé succinct par questions et par réponses. Ces réponses doivent être épelées syllabe par syllabe et avec ensemble par tous les élèves, de façon qu'elles soient facilement distinguées par le maître, et très aisément apprises par les élèves.

Ainsi :

L'Instructeur : *Qu'est-ce qu'un intervalle ?*

Les Élèves : C'est la dis-tance en-tre deux sons.

D... *Quel est le nom du plus petit intervalle ?*

R... Se-cond (l'e muet ne se prononcera pas.)

D... *Quel est le nom de chacun des autres ?*

R... tierc, quart, quint, siat, sept-ième, oc-tav, neu-vième, dix-ième, etc.

Théorie musicale

par questions et par réponses.

Chiffres

1° Intonation

Chapitre 1er.

Intervalles.

D.... *Qu'est-ce qu'un intervalle ?*

R... C'est la distance entre deux sons.

D... Quel est le nom du plus petit intervalle ?
R... Seconde.
D... Quel est le nom de chacun des autres ?
R... Tierce, quarte, quinte, sixte, septième, octave, neuvième, dixième... &...
D... Combien y a-t-il de secondes de tierces, d'octaves, de septièmes ?
R... Il y a sept secondes, sept tierces, sept septièmes; &.........
D... Qu'est-ce qu'un intervalle simple ?
R... C'est l'intervalle qui ne dépasse pas l'octave.
D... Comment nomme-t-on les intervalles plus grands que l'octave ?
R... On les appelle généralement redoublés.
D... D'où leur vient ce nom ?
R... De ce que le même intervalle simple se trouve deux fois dans cette sorte d'intervalle.
D... Donnez des exemples ?
R... 12 est une neuvième ou une seconde redoublée; dans cette neuvième se trouve deux fois la seconde simple 12; (multipliez les exemples.)
D... Qu'est-ce que le complément d'un intervalle ?
R... Le complément d'un intervalle est ce qu'il faut ajouter à cet intervalle pour compléter l'octave.
D... Donnez des exemples ?
R... 51 est le complément de 15; 42 est le complément de 24 (multipliez les exemples.) en effet 15 plus 51 donne l'octave 11, 24 + 42 = l'octave 22.
D... Comment nomme-t-on encore le complément ?
R... On le nomme aussi renversement.
D... Pourquoi ce nom ?
R... Parce que les notes de l'intervalle sont renversées, dans son complément les notes 12 intervalle générateur sont renversées. (Multipliez les exemples.

Chapitre II.

Rapport des intervalles entre eux.

D... Tous les intervalles de même nom, (intervalles de seconde, & sont-ils égaux ?
R... Non, excepté les octaves.
D... Combien y en a-t-il d'espèces dans le mode majeur, et quelles sont-elles ?
R... Deux : l'intervalle majeur qui est le plus grand et l'intervalle mineur.
D... Combien y a-t-il de secondes mineures, et quelles sont-elles ?
R... Deux secondes mineures : 34 et 71.

D... *Combien y a-t-il de secondes majeures et quelles sont-elles ?*

R... Cinq : 12, 23, 45, 56, 67, puisqu'il n'y a que sept intervalles simples de même nom.

D... *Comment reconnaître un intervalle simple majeur d'un intervalle simple mineur ?*

R... Jusqu'à la quarte comprise tout intervalle mineur contient 34 ou 71 depuis la quarte jusqu'à la 7e inclusivement ; il contient 34 et 71.

D... *Quelle différence y a-t-il entre un intervalle majeur et un intervalle mineur du même nom ?*

R... La même différence que celle qui existe entre une seconde majeure et une seconde mineure.

D... *Comment peut-on alors rendre majeur un intervalle mineur et réciproquement ?*

R... En remplaçant par une seconde majeure la seconde mineure qui commence ou qui termine l'intervalle mineur et, réciproquement, pour rendre mineur un intervalle majeur, en remplaçant par une seconde mineure la seconde majeure qui commence ou celle qui termine l'intervalle majeur. (Multiplier les exemples.)

D... *Combien y a-t-il d'espèces d'intervalles dans le mode mineur, et quels sont-ils ?*

R... Quatre : le majeur, le mineur, le maxime (plus grand que le majeur) le minime (plus petit que le mineur.)

D... *Combien y a-t-il d'intervalles maximes et d'intervalles minimes de nom différent ? quels sont-ils ?*

R... Deux de chacun : la seconde et la quinte maximes, la septième et la quarte minimes.

D... *Qu'est-ce qu'un intervalle augmenté ? qu'est-ce qu'un intervalle diminué ? Exemples.*

R... L'intervalle augmenté, est celui qui, étant plus grand que le majeur, ne fait partie ni d'une gamme majeure ni d'une gamme mineure ; l'intervalle diminué, plus petit que l'intervalle mineur, n'appartient non plus ni à la gamme majeure ni à la gamme mineure. 13 est une tierce augmentée [illegible] est une tierce diminuée.

D... *Y a-t-il d'autres espèces d'intervalles et quels sont-ils ? Exemples.*

R... Oui ; deux : l'intervalle chromatique et l'intervalle enharmonique qui font partie des gammes de ce nom : 11, 22, 33 — sont des intervalles chromatiques, [illegible] — sont des intervalles enharmoniques, ou comma $\frac{1}{9}$ de la seconde majeure.

D... *Quels sont les noms des compléments de chacune de ces espèces d'intervalles ?*

R... Puisque les octaves sont égales, et d'après la définition des compléments, il résulte que : aux petits intervalles, correspondent les grands compléments et réciproquement. Par conséquent : le complément de l'intervalle majeur sera mineur, celui du mineur, sera majeur; celui du maxime, minime; celui du minime, maxime; celui de l'augmenté, diminué; celui du diminué; augmenté.

Chapitre III.

Gamme diatonique majeure et génération des tons diatoniques.

D... Comment se nomme l'air type, ut, ré, mi, fa, sol, la, si, ut ?

R... Gamme diatonique majeure.

D... Comment peut-on considérer cette gamme ?

R... Comme une échelle dont les échelons représenteraient les notes et les distances entre eux, représenteraient les intervalles, de sorte que la hauteur de l'ut, ou la base de l'échelle déterminée, la hauteur de toutes les autres notes les suit aussi.

D... Quel est le nom des secondes qui composent cette gamme majeure, naturellement, en montant ?

R... 12 seconde majeure, 23 majeure, 34 mineure, 45 majeure, 56 majeure, 67 majeure, 71 mineure.

D... Quel est le nom de fonction de chacune des notes de cette gamme majeure ?

R... 1 base, ou tonique, 2 sous-médiante, 3 médiante, 4 sous-dominante, 5 dominante, 6 sous-sensible, 7 sensible.

D... Qu'est-ce que le ton d'un air ?

R... C'est simplement la hauteur à laquelle on exécute cet air.

D... De quel instrument peut-on se servir pour prendre le ton ?

R... Du diapason.

D... Quel nom est-on généralement convenu de donner au son que l'on fait produire au diapason qui sert en musique ?

R... La.

D... Comment se sert-on du diapason ?

R... Prenant le la donné par le diapason, on monte ou l'on descend à la note fixée pour tonique, et on la nomme ut en majeur et la en mineur.

D... Pourquoi avec la plupart des instruments ne peut-on employer ce moyen ?

R... Parce que généralement les instruments ont des sons fixes, et ne peuvent donc rendre à une hauteur quelconque un ut, un ré, un mi... &c.... de la gamme type.

D... *Que faire alors ? (1)*

R... On a recours à d'autres notes plus aiguës ou plus graves qui sont les dièses et les bémols.

D... *Combien y a-t-il de dièses ou de bémols pour chaque ton ?*

R... Autant qu'il en faut pour que la gamme ou le ton ait les sept secondes qui le composent disposées dans le même ordre que pour l'air type ut, ré, mi, fa, sol, la, si, ut.

D... *Combien y a-t-il de tons employés et quels sont-ils ?*

R... En général il peut être employé quinze tons : le ton type d'ut sans dièses ni bémols, sept tons par dièses et sept tons par bémols.

D... *Quel est l'ordre des toniques des gammes majeures par dièses et celui des gammes par bémols en allant de la gamme à un dièse ou à un bémol jusqu'à celle qui contient sept dièses ou sept bémols ?*

R... Les toniques des gammes majeures par dièses montent de quinte majeure en quinte majeure à partir d'ut, ces toniques sont donc 5, 2, 6, 3, 7, [illegible], [illegible] ; les toniques des gammes majeures par bémols descendent, à partir d'ut, de quinte majeure en quinte majeure, ce sont donc : 4, [illegible] [illegible] [illegible] [illegible], [illegible] [illegible]. La gamme de sol a un dièse, [illegible] celle de ré en a deux [illegible] [illegible] et ainsi de suite. La gamme de fa a un bémol, [illegible] celle de seu en a deux [illegible] [illegible] et ainsi de suite celle de teu en a sept.

D... *Quel est l'ordre d'après lequel entrent dans ces tons, les dièses et les bémols ?*

R... [illegible] [illegible] [illegible] [illegible] [illegible] [illegible] [illegible] voilà l'ordre des dièses, [illegible] [illegible] [illegible] [illegible] [illegible] [illegible] [illegible] voilà celui des bémols.

D... *Si une gamme contient un, deux, trois &c. dièses ou bémols, quels seront ces dièses ou ces bémols ?*

R... Le ton de sol qui n'a qu'un dièse aura le fé, celui de mi qui en a quatre aura fé, té, jé, ré, le ton de seu qui contient deux bémols aura seu et meu et ainsi pour les autres tons en suivant l'ordre indiqué plus haut.

D... *Que remarque-t-on sur le tableau N° 4 (génération des tons par dièses et des tons par bémols), au sujet de la place qu'occupe dans chaque gamme à droite la dominante de celle de gauche et de la place qu'occupe dans chaque gamme de gauche la sensible de la gamme de droite ?*

R... 1° si l'on va de gauche à droite, la dominante de gauche devient la tonique

(1) pour expliquer ce qui va suivre l'instructeur se servira du tableau de bataille N° 4 (génération des tons par dièses et par bémols.)

de droite en même temps que la sous-dominante est remplacée par un son plus aigu d'une seconde chromatique, pour faire une sensible. Dans ce cas un bémol sort ou un dièse entre 7̸ devient 7, 7 devient 7̸, 4 et devient 4̸, 4̸ devient 4̸̸..... 1̸ (vérifiez.)

Si l'on va de droite à gauche, la tonique de droite devient la dominante de gauche, en même temps que la sensible est remplacée par un son plus grave d'une seconde chromatique pour faire une sous-dominante. Dans ce cas un bémol entre ou un dièse sort, 4̸̸ devient 4̸, 4̸ devient 4, 7 devient 7̸, 7̸ devient 7̸̸..., 1̸;....

D... *Quelle épithète donne-t-on aux dièses ou aux bémols constitutifs d'une gamme ? Et aux autres ?*

R... Fondamentaux ; les autres se nomment accidentels.

D... *Que fait-on si l'on chante toujours avec la langue d'ut au lieu de chanter avec les langues propres aux différents tons par dièses ou par bémols ?*

R... On transpose dans une langue unique, la langue type celle qui a servi à former toutes les autres qui lui sont complètement semblables, puisqu'elles n'ont été faites, comme on vient de le dire, que pour reproduire cet air type d'ut.

D... *Quel est l'avantage de ce système ?*

R... C'est de n'avoir à apprendre qu'une langue au lieu de quinze.

Chapitre IV.

Gamme mineure et génération des tons mineurs.

D... *Comment se nomme l'air type la, si, ut, ré, mi, fa, je, la ?*

R... Gamme diatonique mineure.

D... *Quel est l'ordre et le nom des secondes qui la composent, en montant naturellement ?*

R... 6 7 seconde majeure, 7 1 mineure, 1 2 majeure, 2 3 majeure, 3 4 mineure, 4 5̸ maxime, 5̸ 6 mineure.

D... *Quel est le nom de fonctions de chacune des notes de cette gamme mineure ?*

R... 6 tonique, 7 sous médiante, 1 médiante, 2 sous dominante, 3 dominante, 4 sous sensible, 5̸ sensible.

D... *Quelles sont les principales différences entre la gamme majeure et la gamme mineure ?*

R... Il y a d'abord dans la gamme mineure deux espèces d'intervalles de plus que dans la gamme majeure : la seconde et la quinte maximes (4 5̸ et 1 5̸ gamme de la mineur) la septième et la quarte minime (5̸ 4 et 5̸ 1, pour la gamme de la mineur). Ce sont ensuite la médiante et la sous sensible qui, dans le mode mineur, forment avec la tonique une tierce ou une sixte mineure, tandis que dans le mode majeur, la médiante et la sous sensible forment avec cette tonique des intervalles majeurs.

D... *Comment appelle-t-on ces notes caractérisant le mode majeur ou le mode mineur ?*

R... Les modales qui sont 3 et 6 dans la gamme d'ut majeur.
3̶ - 6̶ — d° — d° — d° mineur.

D... *Comment alors faire une gamme mineure d'une gamme majeure et réciproquement ?*

R... En remplaçant les modales majeures par des modales mineures, ce qui s'obtiendra en faisant un dièse d'un double dièse, en retirant le dièse, si la modale en a un, en mettant un bémol si la note n'a ni dièse ni bémol, en mettant un double bémol s'il y en a déjà un. Ce sera évidemment le contraire si l'on veut transformer une gamme mineure en gamme majeure.

D... *Donnez des exemples ?*

R... Soit ut majeur à transformer en ut mineur. On remplace les modales majeures 3 et 6 par les notes 3̶ et 6̶ qui devenant ainsi modales mineures, donnent la gamme mineure 1, 2, 3̶, 4, 5, 6̶, 7, 1. On fera l'inverse pour passer d'ut mineur en ut majeur. (Multipliez les exemples.)

D... *Qu'appelle-t-on mineurs et majeurs de même base, majeurs et mineurs relatifs ?*

R... Les majeurs et les mineurs de même base sont les gammes ayant la même base, c'est-à-dire la même tonique : ut majeur et ut mineur, la majeur et la mineur... 5,.. Les majeurs et les mineurs relatifs ont leur tonique intervalle de tierce mineure : la mineur et ut majeur par exemple la tonique du mineur relatif est toujours d'une tierce [illegible] de celle du majeur.

D... *Pourquoi, probablement, cette épithète de relatif ?*

R... A cause de la corrélation entre le majeur et le mineur, toutes les notes sont les mêmes dans ces deux gammes relatives, sauf la dominante dans celui-là et la sensible dans celui-ci. Ainsi prenant par exemple *ut majeur* et *la mineur* : dans ut majeur la dominante est sol, tandis que dans la mineur la sensible est jé.

Chapitre V.

Gammes chromatiques et gamme enharmonique.

D... *Combien y a-t-il d'espèces de gammes chromatiques ? Quelles sont-elles ?*

R... Deux : La gamme chromatique par dièses et la gamme chromatique par bémols.

D... *Quelle est la composition de chacune de ces gammes ?*

R... Ce sont des gammes majeures dans lesquelles on a coupé chaque seconde majeure par l'intercalation d'un dièse pour la gamme chromatique par dièses et par celle d'un bémol pour la gamme chromatique par bémols.

D... *Prenant ut pour tonique, quelle est chacune de ces gammes ?*

R... 1 1̸ 2 2̸ 3 4 4̸ 5 5̸ 6 6̸ 7 i gamme chromatique par dièses, 1 2̸. 2 3̸. 3. 4. 5̸. 5. 6̸. 6. 7̸. 7. i. chromatique par bémols.

D... *Qu'est-ce que la gamme enharmonique ?*

R... C'est une gamme majeure dans laquelle on a coupé chaque seconde majeure par l'intercalation du bémol de la note aiguë, puis du dièse de la note grave.

D... *Prenant ut comme tonique quelle sera cette gamme ?*

R... 1 2̸ 1̸ 2. 3̸. 2̸. 3. 4 5̸ 4̸. 5 6̸. 5̸ 6 7̸ 6̸ 7 i.

D... *Le dièse et le bémol, contenus dans une seconde majeure, la divisent-ils en deux parties égales ?*

R... Non, le dièse est plus haut que le bémol ainsi prenant la seconde 1 2, voici l'ordre des notes en montant : ut, reu, té, ré.

D... *Que conclure alors ?*

R... Qu'il n'y a pas de demi-ton, puisque la seconde majeure qu'on appelle aussi ton, est divisée en trois parties par l'intercalation du bémol de la note aiguë et du dièse de la note grave.

D... *Quel est le nom de chacun des trois intervalles ainsi formés ?*

R... Prenant toujours ut ré comme exemple on a ut reu (seconde mineure) reu té (seconde enharmonique) appelée aussi comma 1 2 (seconde mineure.)

D... *Quelle est, en résumé, la composition de chacun des cinq modes ?*

R... La gamme diatonique majeure monte par secondes majeures et par secondes mineures, (cinq majeures et deux mineures.) La gamme diatonique mineure par secondes mineures, majeures et maxime, (trois mineures, trois majeures, une maxime.) la chromatique par dièses monte par secondes chromatiques et secondes mineures, (cinq chromatiques et sept mineures,) la chromatique par bémols monte par secondes mineures et par secondes chromatiques, (sept mineures et cinq chromatiques.) enfin, la gamme enharmonique monte par secondes mineures et par secondes enharmoniques ou commas (douze mineures et cinq enharmoniques.)

Chapitre VI.

Modulations.

D... *Qu'est-ce que moduler ?*

R... C'est changer de mode ou de ton, c'est aussi changer à la fois de mode et de ton.

D... *Quelles sont, en général les modulations les plus simples, ou du 1er degré ?*

R... Celles qui consistent à passer d'une gamme dans une autre gamme ayant le plus d'analogie avec celle que l'on quitte.

D... *Combien y a-t-il de modulations simples ou du 1er degré en partant: 1° du majeur, 2° du mineur ?*

R... Quatre en partant du majeur: 1° à la dominante en majeur, 2° à la sous-dominante en majeur, 3° au mineur relatif; 4° au mineur de même base. Deux en partant du mineur: 1° au majeur relatif, 2° à celui de même base.

D... *Comment indique-t-on ces modulations; puisque dans la méthode Galin-Paris-Chevé, la musique est toujours écrite dans la langue d'ut?*

R... On se sert des syllabes de mutation.

D... *Comment les forme-t-on ?*

R... On ajoute au nom de la dernière note du ton que l'on quitte le nom qu'elle aurait si elle était la première du ton dans lequel on entre. (Ces deux tons sont transposés en langue d'ut.)

D... *Comment cela ? Exemple:*

R... Soit un morceau en sol majeur terminé par un ut c'est-à-dire par la tonique puisqu'il est transposé en langue d'ut. Ce morceau passe en Ré majeur on appellera: l'ut-fa (formant ainsi le mot ufa) parce que cet ut représentant sol est une quarte mineure au dessous du ré non transposé; ou la sous-dominante. Transposant en langue d'ut, le ré s'appelle ut, par conséquent, la sous-dominante sol s'appelle fa.

2e Mesure.

Chapitre premier.

Temps et ses divisions.

D... *Comment est-on convenu d'appeler l'unité de durée ?*

R... Temps.

D... *Comment peut-on analyser les combinaisons des temps et des fractions de temps ?*

R... Par des sons jalons, par des articulations plus vigoureuses appelées coups forts.

D... *Quand rencontre-t-on, ou bien quand se font sentir ces coups forts ?*

R... De deux en deux, de trois en trois ou de quatre en quatre temps.

D... *Qu'est-ce que la mesure ? Qu'est-ce qu'une mesure ?*

R... La mesure, est la réapparition régulière du coup fort de deux en deux, de trois en trois, de quatre en quatre temps; une mesure c'est la durée qui s'écoule entre deux de ces coups forts.

D... *Combien donc d'espèces de mesures ? Quelles sont-elles ?*

R... Trois: la mesure à deux temps, la mesure à trois temps, la mesure à quatre temps.

D... *Ces coups forts se rencontrent-ils aussi dans les divisions du temps ?*

R... Oui, ils arrivent aussi de deux en deux ou de trois en trois, mais moins forts que les premiers, et, de même que pour la mesure, ils divisent ainsi le temps en deux ou en trois parties.

D... *Quand les coups forts manquent, quel mot emploie-t-on, pour exprimer cette absence ?*

R... Le mot syncope.

D... *Les durées des temps sont-elles absolues ?*

R... Non, pas plus que le son n'est absolu.

D... *Comment alors connaître cette durée ?*

R... Par les mots andante, andantino, allégro, vivace,... &c ou mieux par des nombres correspondants à ceux de la règle graduée de l'instrument appelé métronome (voyez loi, manière d'être, petzov mesure, durée)

D... *Nommez quelques-uns de ces métronomes ?*

R... 1° Le métronome de Galin qui consiste en un fil à plomb, de longueur mobile, formant pendule devant une échelle graduée; 2° le métronome de Maelzel, mis en action par un mouvement d'horlogerie.

D... *Comment se sert-on du métronome ?*

R... En tête de l'air en chiffres on voit deux (M.M.) suivis d'un nombre; les deux (M) signifient Métronome Maëlzel, le nombre est celui sur lequel doit être placé le curseur de l'instrument avant de mettre celui-ci en mouvement. Le passage de ce curseur d'un côté à l'autre indique la durée du temps.

D... *Combien la durée, à part ses divisions, offre-t-elle d'idées à représenter ?*

R... Trois: articulation, prolongation, silence.

D... *Combien alors faut-il de signes ?*

R... Trois, qui sont, dans la méthode Chevé, le chiffre pour le son articulé, le point pour le son prolongé, le zéro pour le silence.

D... *Que représente toujours l'un de ces signes employé isolément ?*

R... L'unité de temps.

D... *Que représente toujours un groupe de ces signes réunis sous une barre horizontale ?*

R... Toujours aussi un temps.

D... *Qu'est-ce que le Chronoméristе de Galin ?*

R... C'est son tableau des divisions du temps par deux et par trois, formant les divisions et les subdivisions binaires et ternaires de l'unité de durée.

D... *Qu'est-ce que la langue des durées d'Aimé Paris ?*

R... C'est un moyen de donner la durée exacte aux signes musicaux dans les temps les plus divisés. Il consiste à parler par monosyllabes le Chronoméristе de Galin.

D... *Expliquez-la très succinctement ?*

R... Pour toutes les subdivisions de l'unité provenant des souches binaires Aimé Paris conserve les deux voyelles a é, pour celles qui proviennent des souches ternaires il garde les trois voyelles a è i. Pour le son articulé, A. Paris fait précéder la voyelle de la consonne: t pour les unités et les tiers (ta té, ta té ti). Il fait précéder la voyelle de l'une des deux consonnes t et f pour les quarts et les sixièmes (souche ternaire) ta fa té fé et ta fa té fé ti fi, il fait précéder la voyelle de l'une des trois consonnes t, r et l pour le sixième (souche binaire) ou les neuvièmes taralatérélé et taralatérélétirili... &c. Pour le son prolongé il retranche la consonne et pour le silence il remplace les monosyllabes précédents par le mot caractéristique du silence: chu.

Chapitre II.

Cadence.

D... *Qu'est-ce que la cadence ?*

R... C'est la fin d'une période, d'une idée, d'une phrase musicale.

D... *A quoi peut-on le comparer ?*

R... A la ponctuation: (C'est, on peut le dire, la ponctuation musicale.

La cadence serait le point, la demi-cadence le point et virgule, le quart de cadence la virgule.

D... Donnez un exemple :

R... 1 3 | 5 . 6 4 | 5 . | 5 5 6 | 7 . | 6 5 | i . ‖ complète ou parfaite.

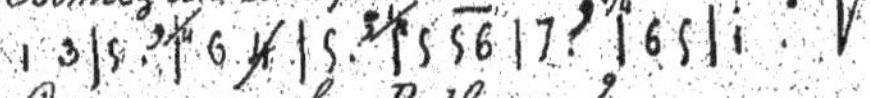

D... Qu'est-ce que le Rythme ?

R... Le Rythme indique le nombre de mesures comprises entre deux cadences quelconques, parfaites, demies ou quarts de cadences.

D... Donnez un exemple :

R... 1 3 | 5 . | 6 4 | 5 : | 5 5 6 | 7 . | 6 5 | i . ‖ le Rythme est ici à deux mesures.

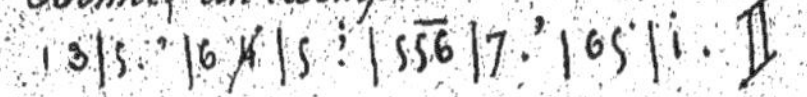

D... Que peignent donc, en résumé, les mots divisions, mesures, Rythme

R... Les mots divisions ou subdivisions binaires et ternaires, peignent nettement les divisions de l'unité de durée du temps ; le mot mesure indique très clairement les groupes de temps, le Rythme indique les groupes de mesures séparés par une virgule, un point et virgule ou un point.

Portée.

1° Intonation.

D... Qu'est-ce que la portée musicale ?

R... C'est un ensemble de cinq lignes parallèles, que nous appellerons barreaux, séparés, naturellement par quatre interlignes, que nous appellerons aussi barreaux ; sur le papier les cinq lignes sont généralement de couleur noire et les quatre interlignes sont de couleur blanche ; sur le tableau noir, de démonstration, c'est évidemment le contraire, puisqu'on les y trace avec de la craie, ou que les cinq barreaux de rang impair sont généralement peints en blanc sur ce tableau ; c'est par conséquent, un ensemble de neuf barreaux (cinq d'une couleur et quatre d'une autre) sur lesquels se mettent les signes musicaux.

D... Comment détermine-t-on le nom de ces barreaux ?

R... On convient de donner un nom à l'un d'eux et les autres barreaux prennent, en montant ou en descendant les noms des notes de l'échelle musicale. Ainsi donnant à l'un des barreaux le nom ut, les autres s'appelleront en montant : ré, mi, fa, sol, la, si, ut, ré... ; et en descendant les noms, si, la, sol, fa.

mi, ré, ut, si, la.... 8

D... *Quels noms est-on convenu de donner à certains barreaux pour déterminer ceux des autres barreaux?*

R... Fa, ut ou sol.

D... *Au moyen de quels signes conventionnels?*

R... Au moyen des trois clés, appelées clé fa, clé ut et clé sol. (chacune de ces clés donne son nom au barreau sur lequel elle est placée.

D... *Sur quels barreaux se placent-elles?*

R... La clé fa sur le 5e ou sur le 7e barreau, la clé ut sur le 1er, le 3e, le 5e ou le 7e, la clé sol sur le 1er ou le 3e.

D... *Qu'est-ce que les barreaux supplémentaires?*

R... Ce sont les barreaux sur lesquels doivent être placées les notes qui, par leur gravité ou par leur acuité, ne peuvent être mises sur la portée des neuf barreaux. On fait ceux-là très courts, car ils ne doivent porter chacun qu'une note.

D... *Qu'y a-t-il d'important à remarquer pour apprendre à trouver facilement le nom des barreaux?*

R... 1° Que l'ut, comme toute autre note, se trouvera seulement sur un barreau noir ou sur un barreau blanc. (c'est évident.)

2° Que si l'ut est sur un des barreaux noirs, mi sol si en montant et la fa ré en descendant sont aussi sur des barreaux noirs.

3° Que si l'ut est sur un barreau blanc, le contraire a lieu.

4° Que les notes à distance d'octave sont sur des barreaux de couleur différente.

D... *Résumer.*

R... Ut barreau blanc mi sol si en montant ré fa la en descendant, barreau blanc.

Ut barreau noir mi sol si en montant ré fa la en descendant, barreau noir.

Octaves barreaux de couleur différente.

D... *Comment se marquent les dièses et les bémols* (fondamentaux ou accidentels)?

R... Le dièse par le signe ♯, le bémol par le signe ♭ que l'on place à la droite de la clé s'il est fondamental, ou à gauche de la note diésée ou bémolisée s'il est accidentel.

D... *Qu'est-ce que le bécarre ? quel en est le signe ?*

R... C'est le signe ♮ que l'on place avant une note pour détruire sur elle l'influence du dièse ou du bémol.

D... *Quelle est l'étendue d'action du dièse, du bémol et du bécarre ?*

R... 1° Si les signes sont accidentels ils n'ont d'influence que dans l'étendue de la mesure où ils se trouvent et, seulement, à partir de la note qui en est précédée.
2° Si les signes sont fondamentaux ils ont de l'influence, non-seulement sur les notes qui sont sur le même barreau qu'eux, mais encore sur leurs octaves supérieures et inférieures.

D... *Que forme l'ensemble des dièses ou des bémols fondamentaux ?*

R... L'armure de la Clé : armure par dièses ou armure par bémols.

D... *L'armure d'une clé indique-t-elle toujours le ton ?*

R... Généralement oui.

D... *Quand l'exception se présente-t-elle ? Pourquoi ?*

R... 1° Lorsque le morceau est en mineur on est convenu de mettre à la droite de la clé l'armure du ton relatif majeur, parce que, ainsi qu'il est dit page 27 le mineur ne diffère que par une note de son majeur relatif.
2° Lorsque le morceau ne présente que des modulations passagères, de peu d'étendue, et quelquefois, mais très rarement, par caprice, lorsque des compositeurs écrivent dans une gamme tout autre que celle qu'indique l'armure de la clé.

D... *Comment écrit-on les gammes chromatiques et la gamme enharmonique ?*

R... On met, comme accidents, dans le courant du morceau, les dièses et les bémols qui constituent ces modes.

D... *Comment traduit-on en chiffres, langue d'ut, naturellement ?*

R... 1° Considérant toujours l'absence d'armure ou l'armure de la clé, comme indiquant le ton (sans se préoccuper du mode), on appelle constamment du nom ut, la note que cette armure signale comme tonique. Dès que l'on connait le barreau qui a nom ut on connait le nom des autres barreaux.
2° S'il se rencontre un dièse ou un bémol accidentel, on l'écrit aussi en chiffres ; on le retire si un bécarre accidentel vient le détruire,
3° S'il se rencontre un bécarre détruisant l'influence d'un dièse ou d'un bémol fondamental, c. à d. faisant partie de l'armure de la clé : on écrit un bémol, si le bécarre détruit un dièse fondamental, on écrit un dièse, si le bécarre détruit un bémol fondamental. (On a vu page 26, qu'enlever un bémol ou prendre un dièse, produit le même résultat, qu'enlever un dièse ou prendre un bémol produit encore

le même résultat ;

4° S'il se rencontre un double dièse sur un barreau déjà affecté d'un dièse fondamental ; comme celui-ci est retranché par la transposition en langue d'ut, on n'en met plus qu'un.

S'il se rencontre un double bémol sur un barreau déjà affecté d'un bémol fondamental ; comme celui-ci est retranché par la transposition en langue d'ut, on n'en met plus qu'un.

5° S'il se rencontre un ou plusieurs changements de ton, on les écrit tous dans la langue d'ut, en appliquant la règle des mutations, règle exposée plus bas en détail, et qui consiste à donner à la dernière note du ton que l'on quitte le nom qu'elle a à la même hauteur dans le ton suivant.

6° Enfin : on écrit en tête du morceau, et en toutes lettres, le ton qui lui est propre. L'armure de la clé indique ce ton, si le morceau est en majeur ; mais, si le morceau est en mineur, on met le nom de la tonique de la gamme mineure, relative de celle qui est signalée par l'armure de la clé, et en faisant suivre ce nom du mot mineur.

D... Donnez un exemple de transposition en ut :

1° d'un exercice sur la portée, sans changement d'armure à la clé.

R.....

non transposé... 3 5 7 3 3 2 1 2 3 4 5 2 5 4 5 5 6 7 6 1 7 1 7 7 6 5 4 7 3 7 5 4 5 4 3

Transposé en langue d'ut (ton de mi) 1 3 5 1 1 7 6 7 1 2 1 7 1 2 3 3 4 5 4 6 5 6 5 5 4 3 2 5 1 5 3 2 3 2 1

(L'Instructeur multipliera les exemples.)

2° d'un exercice sur la portée, avec changement d'armure à la clé.

Reprenons d'abord la règle de transposition en ut, lorsqu'il y a des changements de ton :

On donne à la dernière note du ton que l'on quitte le nom qu'elle a à la même hauteur dans le ton suivant. Exemple :

Transposition en langue d'ut. — Ton d'ut. Ton de sol. Ton de fa. Ton d'ut. ton de Ré. ton de Si♭. ton d'ut.

appelez (1-4) (2-3) (5-1) (5-4) (1-3) (5-4)

1 3 5 1 – 3 4 5 6 4 2 – 3 6 5 4 7 6 5 – 1 3 5 – 4 6 4 2 2 3 5 4 3 2 1 – 1 3 1 5 – 7 6 5 1 =

D... *Prouver que les modulations ont été bien observées dans la traduction en chiffres, (Langue d'ut), de l'exemple qui précède ?*

R... Les modulations ont été bien observées ; en effet :

a. En donnant à Ut, dernière note du ton que l'on quitte, le nom Fa, on a bien modulé de Ut en Sol puisque
b. ——— Ré, ——— Mi, ——— Sol en Fa ———
c. ——— Sol, ——— Ut, ——— Fa en Ut ———
d. ——— Sol, ——— Fa, ——— Ut en Ré ———
e. ——— Ut, ——— Mi, ——— Ré en Si♭ ———
f. ——— Sol ——— Fa, ——— Si♭ en Ut ———

a. Ut, tonique et dernière note du ton que l'on quitte, et qui est transcrit en langue d'ut, représente Ut, aussi tonique
b. Ré, sous médiante ——— Fa, s.-méd.te
c. Sol, dominante ——— Ut, domin.te
d. Sol, dominante ——— Sol, domin.te
e. Ut, tonique ——— Ré, tonique
f. Sol dominante ——— Fa, s.-dom.te

a. du ton de Ut, non transposé, et que cette note Ut est sous dominante du ton où l'on entre, le ton de Sol, non
b. ——— Sol, ——— La est médiante ——— Fa ———
c. ——— Fa, ——— Ut est tonique ——— Ut, ———
d. ——— Ut ——— Sol est sous dominante ——— Ré ———
e. ——— Ré ——— Ré, est médiante ——— Si♭ ———
f. ——— Si♭ ——— Fa, est sous dominante ——— Ut ———

a. transposé ; par conséquent en langue d'Ut, c'est un Fa, note représentant toujours la sous-dominante en cette langue d'Ut.
b. ——— Mi, ——— médiante ———
c. ——— Ut, ——— tonique ———
d. ——— Fa ——— sous dominante ———
e. ——— Mi, ——— médiante ———
f. ——— Fa, ——— sous-dominante ———

D... *Donner un moyen pratique et facile de la transposition lorsqu'il se rencontre des modulations.*

R... On donne à la dernière note, du ton que l'on quitte, le nom de la note qui fait avec cette dernière, un intervalle égal au complément de l'intervalle qui sépare la tonique que l'on quitte de celle que l'on prend. Ainsi, prenant l'exemple qui précède.

du ton d'ut au ton de sol, il y a une quinte majeure dont le complément est une quarte mineure (c'est aussi le nom de l'intervalle) Ut. fa

—— de Sol —— de fa —— 7ème mineure —— seconde majeure —— ré.mi

—— de Fa —— d'ut —— 5te majeure —— quarte mineure —— sol.ut

—— d'ut —— de Ré —— seconde majeure —— septième mineure —— sol.fa

—— de Ré —— de Seu —— sixte mineure —— tierces majeure —— ut.mi

—— de Seu —— d'ut —— seconde majeure —— septième mineure —— sol.fa

On donnera donc à l'ut le nom fa pour passer du N° 1 au N° 2, à la note Ré le nom Mi pour passer du N° 2 au N° 3 et, ainsi de suite. Ce moyen, très simple à appliquer, découle de la règle qui précède.

3°. Un exercice sur la portée avec modulations, mais sans changement d'armure à la clé.

Si l'on désire, pour faciliter à des commençants la lecture d'un passage qui module, on considère ce passage comme s'il était muni d'une clé avec l'armure propre à la modulation, et l'on suit la règle donnée plus haut. Exemple:

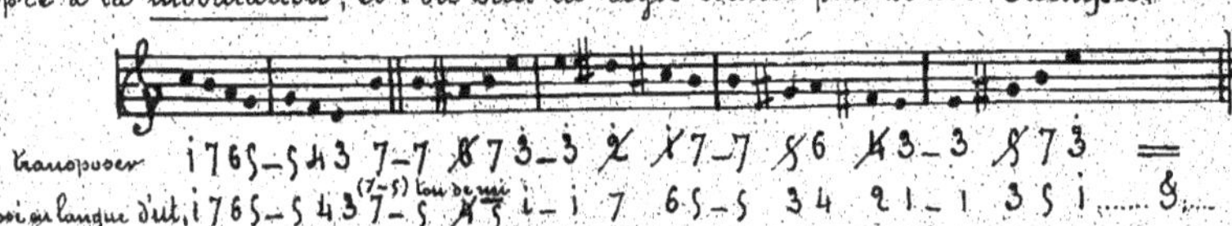

Dès le troisième groupe le ton change, il y a une modulation en mi majeur, indiqué par les quatre dièses 4, 1, 5 et la sensible 2. On peut supposer à ce 3ème groupe une clé sol armée de ces quatre dièses. Passant donc du ton d'ut dans celui de Mi, on n'a qu'à donner à la dernière note si du ton que l'on quitte le nom qu'elle a dans le ton de Mi transposé en langue d'ut.

Appliquons le moyen pratique indiqué plus haut:

L'intervalle qui sépare les deux tons Ut et Mi est une tierce majeure dont le complément est une sixte mineure; la dernière note du ton que l'on quitte est un si, celle qui est au dessous d'elle d'une sixte mineure est Sol; j'appellerai par conséquent le Si Sol; ainsi la modulation sera faite et la difficulté éludée.

Il est bien entendu que cette transposition en ut de modulations passagères ne doit être faite que pour les commençants qui, plus tard, liront sans transposer ces passages modulés.

Nota: Le double dièse se fait ainsi: ✕ ou ainsi: 𝄪.

Le double bémol se fait ainsi: bb.

2ème Mesure.

D... Que représentait autrefois l'unité de durée ?

R... Une durée absolue, les anciens n'ayant pas eu l'idée d'un métronome mobile pour prendre à volonté l'unité de durée.

D... Combien imagina-t-on de signes pour représenter l'unité de durée des sons ?

R... Quatre, représentant chacun une durée différente.

D... Quels étaient ces caractères et quelle était la durée absolue de chacun d'eux ?

R... La ronde (𝅝) représentait une seconde de temps,
La blanche (𝅗𝅥) ——— une demi seconde de temps
La noire (♩) ——— un quart de seconde de temps
La croche (♪) ——— un huitième de seconde de temps

D... Comment divisa-t-on la durée de ces signes unités ?

R... En leur appliquant d'abord la division binaire avec ses subdivisions.

D... Quelles furent ces divisions binaires des quatre signes de l'unité de durée ?

R... Les divisions binaires de la ronde (𝅝), unité de durée furent ; la blanche (𝅗𝅥) pr les moitiés la noire (♩) pr les quarts, la croche (♪) pr les 8e.
——— blanche (𝅗𝅥) ——— noire (♩) ——— croche (♪) ——— double croche 𝅘𝅥𝅯
——— noire (♩) ——— croche (♪) ——— dble croche (𝅘𝅥𝅯) ——— triple croche 𝅘𝅥𝅰
——— croche (♪) ——— double croche (𝅘𝅥𝅯) ——— trip. croche (𝅘𝅥𝅰) ——— quadruple croche 𝅘𝅥𝅱

D... Que fit-on ensuite pour les divisions ternaires de l'unité de durée ?

R... On se servit des mêmes signes que pour les divisions binaires en les faisant suivre d'un point.

D... Quels furent donc ces signes pour l'unité de temps ?

R... La ronde pointée 𝅝., la blanche pointée 𝅗𝅥., la noire pointée ♩. et la croche pointée ♪.

D... Quelles furent les divisions ternaires de ces quatre nouveaux signes de l'unité de durée ?

R... Les divisions ternaires de la ronde pointée (𝅝.) unité de durée furent : la blanche (𝅗𝅥) pr les $\frac{1}{3}$, la noire (♩) pr les 6es, la croche ♪ pr les 12es
——— blanche p. (𝅗𝅥.) ——— noire (♩) ——— croche (♪) ——— doub. croche 𝅘𝅥𝅯
——— noire p. (♩.) ——— croche (♪) ——— doub. croche (𝅘𝅥𝅯) ——— trip. croche 𝅘𝅥𝅰
——— croche p. (♪.) ——— doub. croche (𝅘𝅥𝅯) ——— trip. croche (𝅘𝅥𝅰) ——— quad. croche 𝅘𝅥𝅱

D... *Donnez la nomenclature des des signes qui précèdent et le rapport de chacun d'eux à la ronde prise pour l'unité ?*

R... Ces signes, au nombre de quatorze, sept pour le temps et ses divisions binaires et sept pour les temps et les divisions ternaires sont : pour les divisions binaires la ronde 𝅝[1], la blanche 𝅗𝅥 1/2, la noire ♩ 1/4, la croche ♪ 1/8, la double croche 𝅘𝅥𝅯 1/16, la triple croche 𝅘𝅥𝅰 1/32, la quadruple croche 𝅘𝅥𝅱 1/64. et pour les divisions ternaires les mêmes signes suivis d'un point.

D... *Quels sont les signes du silence et quelle est la durée de chacun d'eux ?*

R... La pause qui a la durée de la ronde, le quart de soupir qui a la durée de la double croche.

La demi pause ———— blanche,	le huitième d° ———— triple — d° —
Le Soupir ———— noire,	le Seizième d° ———— quadruple d° —
Le demi soupir ———— croche,	

Quelquefois ces signes de silence sont suivis d'un point, ils ont alors la même durée que les signes correspondants des sons articulés suivis d'un point ainsi : le soupir pointé a la durée de la noire pointée et ainsi des autres. Cependant on emploie rarement le point après les signes du silence.

D... *Combien y a-t-il de formes pour exprimer les trois idées : deux temps, trois temps et quatre temps ?*

R... Vingt-quatre.

D... *Comment trouve-t-on ces vingt-quatre formes ?*

R... Puisqu'il y a huit signes qui peuvent représenter l'unité de temps savoir : la ronde, la blanche, la noire et la croche pour les divisions binaires, la ronde pointée, la blanche pointée, la noire pointée et la croche pointée pour les temps à divisions ternaires et qu'il y a trois espèces de mesures, le produit de huit par trois est exactement le nombre des formes que peuvent prendre ces trois mesures.

D... *Comment a-t-on désigné ces diverses formes ?*

R... Au moyen de fractions ou plutôt d'espèces de fractions placées à la droite de l'armure de la clé.

D... *Qu'exprime le numérateur et le dénominateur de ces fractions ?*

R... 1° Pour les mesures dont les temps sont à divisions binaires, le dénominateur (nombre inférieur) indique le rapport de la ronde prise pour unité principale de durée et représentée par le chiffre 1, avec le signe employé pour l'unité de temps, le numérateur (nombre supérieur) indique combien, dans chaque mesure, il y a de ces signes employés comme unité de temps.

Par conséquent : le <u>numérateur</u> indique le nombre de temps compris dans la mesure et le <u>dénominateur</u> quel est le signe de l'unité de temps. Exemple :

2/1 indique : mesure : deux temps, la <u>ronde</u> (ou 1) est l'unité de temps.
3/1 ———————— trois id. id. id.
4/1 ———————— quatre id. id. id.
2/2 ou ₵ ———————— deux id. <u>blanche</u> (ou 1/2) de la ronde
3/2 ———————— trois id. id. id.
4/2 ———————— quatre id. id. id.
2/4 ———————— deux id. <u>noire</u> (ou 1/4) de la ronde
3/4 ———————— trois id. id. id.
4/4 ———————— quatre id. id. id.
2/8 ———————— deux id. <u>croche</u> (ou 1/8) de la ronde —
3/8 ———————— trois id. id. id.
4/8 ———————— quatre id. id. id.

Pour les mesures dont les temps sont à divisions ternaires le dénominateur indique le rapport de la <u>ronde</u> prise toujours comme unité principale de durée et représentée par le chiffre 1 avec le signe employé comme le <u>tiers</u> de <u>l'unité de temps</u>.

Le <u>numérateur</u> indique combien, dans chaque mesure, il y a de ces signes employés comme tiers de l'unité de temps ; exemple : 6/8 veut dire que la mesure contient six huitièmes de ronde ou six croches (la croche est 1/3 de temps) ; par conséquent : le <u>numérateur</u> divisé par trois, indique le nombre de temps compris dans la mesure et le <u>dénominateur</u> indique le signe employé comme 1/3 de temps

6/2 indique : (6 : 3) ou deux temps dont l'unité de temps est la <u>ronde</u> pointée O. ou 3 fois la blanche (𝅗𝅥 (signe du tiers de temps.

9/2 ——— (9 : 3) — trois ———————— id. ———————— id. id.
12/2 ——— (12 : 3) — quatre ———————— id. ———————— id. id.
6/4 ——— (6 : 4) — deux ———————— id. ———————— — <u>blanche</u> pointée 𝅗𝅥. ou 3 fois la noire (♩ (signe du tiers de temps.
9/4 ——— (9 : 4) — trois ———————— id. ———————— id.
12/4 ——— (12 : 4) — quatre ———————— id. ———————— id.

6/8 indique (6 : 3) mesure deux temps dont l'unité de temps est la <u>noire pointée</u> ♩. ou 3 fois la croche signe du tiers de temps.
9/8 ——— (9 : 3) ——— trois ————————————————
12/8 ——— (12 : 3) ——— quatre ————————————————

6/16 indique (6:3) mesure à deux temps dont l'unité de temps est la <u>croche pointée</u> ♪. ou 3 fois la double croche signe du tiers de temps.
9/16 —— (9:3) —— trois —————— d° —————— d° ——————
12/16 —— (12:3) —— quatre —————— d° —————— d° ——————

D... Quelles sont les formes le plus généralement employées ?

R... $\frac{2}{4}$, $\frac{3}{4}$, $\frac{4}{4}$ marquée aussi par le signe C, $\frac{2}{8}$, $\frac{3}{8}$, $\frac{4}{8}$, $\frac{6}{4}$, $\frac{9}{4}$, $\frac{12}{4}$, $\frac{6}{8}$, $\frac{9}{8}$, $\frac{12}{8}$.

D... De combien de manières peut-on écrire sur la portée en deux temps égaux deux notes. (Ut, Ré, par exemple) en se servant des huit signes de l'unité de temps combinés avec les sept clés ?

R... De cinquante six manières, évidemment (8×7)

D... De combien de manières en chiffres ?

R... D'une seule : |12|

D... En résumé, sur la portée comment s'expriment les trois idées de son articulé, son prolongé, silence ?

R... Le son articulé s'exprime par l'un des sept signes <u>ronde</u>, <u>blanche</u>, <u>noire</u>, <u>croche</u>, <u>double croche</u>, <u>triple croche</u>, <u>quadruple croche</u> suivant la durée à exprimer.

Le son prolongé s'exprime : soit en mêlant les divers signes dans la même mesure, la <u>blanche</u> par exemple pour deux temps et la <u>ronde</u> pour quatre temps si la <u>noire</u> est l'unité de temps ; soit en mettant un <u>point</u> après la note à prolonger, quand la prolongation doit durer la moitié, les trois quarts ou les sept huitièmes de cette note, soit, enfin, en répétant la note à prolonger et liant ce signe répété avec le précédent au moyen d'un <u>arc</u>, si le son à prolonger ne peut, dans la même mesure, être représenté par un signe d'une unité plus forte, ni par le point, ou que la prolongation passe d'une mesure dans une autre.

Le silence s'écrit avec l'un des sept signes, <u>pause</u>, <u>½ pause</u>, <u>soupir</u>, <u>½ soupir</u>, <u>¼ de soupir</u>, <u>⅛ de soupir</u>, <u>1/16 de soupir</u> que l'on place au 6ème barreau seulement la pause part du dessous du 7ème barreau et la ½ pause part du dessous du 5ème barreau.

D... Comment en chiffres s'expriment ces trois mêmes idées ?

R... Seulement par ces trois signes : <u>chiffre</u> (son articulé) <u>point</u> (son prolongé) <u>zéro</u> (silence.)

D... Donnez le nom de quelques autres signes employés sur la portée, et dont quelques uns le sont aussi dans la musique écrite en chiffres ?

R... Les petites notes, le grupetto, le trille, la note piquée, le point d'orgue, de repos, d'arrêt, de suspension, le silence prolongé, le rinforzando, le diminuendo, le pianissimo, le piano, le forte, le fortissimo, le dacapo .... &......

D... Quelle est la signification de chacun de ces signes (Faites-la très succinctement.)

R... La petite note (♪ ♩) isolée prend la moitié de la durée de la note qui suit.

La petite note (♪ ♪ ou ♫ ♩) isolée prend le huitième dans la division binaire et 1/12 dans la division ternaire de la durée de la note qui suit.

Deux petites notes à intervalle de seconde, et dont la dernière, est la même que la grande note qui précède, prennent leur durée comme au précédent exemple, mais sur la note précédente.

Le gruppetto est un groupe formé souvent de trois notes, et suit la règle donnée au paragraphe qui précède.

Le gruppetto est représenté aussi par le signe ∽ qui indique qu'il faut, à partir de la note précédente, monter d'une seconde majeure, puis redescendre cette seconde, descendre ensuite une seconde mineure et la remonter enfin, ainsi : | ♩∽ ♩ | veut dire : | 1 2 1 7 1 1 |

Le trille (tr. ou ∿∿∿) indique qu'il faut frapper rapidement et avec égalité la note qui en est marquée contre le son immédiatement supérieur ou inférieur ♩ veut dire 1717 1717 ou 1212 1212 ..... &...

Les notes piquées ou détachées sont indiquées par un petit point ou par une petite virgule au dessous et au dessus d'elles, la note n'a plus alors que la moitié de sa durée : ♩♩ | ♩♩ | c'est 1 0 1 0 | 1 0 1 0.

Le point d'orgue 𝄐 ou point final indique qu'on peut, autant que l'on veut, prolonger la note qui en est affectée, et même ajouter quelques traits (que le compositeur écrit quelquefois lui-même). Il est alors suivi d'une note qui a le signe du trille ou de adlibitum ou de apiacere.

Le point de repos a le même signe que le point d'orgue 𝄐, seulement on l'appelle ainsi lorsque, entre un son et un silence qui en sont couverts, on trouve un son qui en est exempt. [musical example]
| 2 . 1 0 |

Le point de repos se place aussi sur un son qui dure au moins deux unités et qui est suivi d'un silence; mais alors il ne faut ajouter à la notation aucun autre son : ♩ . 𝄽, c'est 1 . 0

Le point d'arrêt ou de suspension est aussi représenté par le même signe que le point d'orgue, 𝄐; mais il se trouve alors sur un son qui ne dure pas plus d'une unité, et qui est suivi d'un silence couvert du même signe. Il faut, dans ce cas, attaquer cette note nettement, et l'abandonner aussitôt après :

Le silence prolongé pendant plusieurs mesures est représenté ainsi qu'il suit : deux mesures ; quatre mesures ; ces signes, joints à la pause et à la demi-pause, peuvent servir pour un nombre quelconque de mesures de silences, ainsi : veut dire 31 mesures.

On abrège suivant de cette manière : | 31 | 24 |

Le Rinforzando < signifie renforcez le son
Le Diminuendo > diminuez.
Le Pianissimo PP très doucement
Le Piano P doucement
Le Forte F fort.
Le Fortissimo FF très fort.

&c.... &c.... car il y a bien d'autres termes constituant ce qu'on appelle les nuances dont il est parlé plus loin, à l'étude des Chœurs.

Le Dacapo qui est représenté ainsi D.C. ou par un simple renvoi, reproduit au commencement du morceau, veut dire de recommencer le morceau.

Deux barres précédées ou suivies de deux points :||, ||: signifient : exécuter deux fois la phrase qui est avant les deux points ou deux fois celle qui vient après.

S'il y a quatre points, cela veut dire de chanter deux fois chacune des deux phrases.

D... *Comment se marque la durée absolue ?*

R... Par deux M M. (Métronome Maelzel), suivis d'un signe du son articulé, blanche, noire, croche, ... &., puis le signe =. et enfin, par un nombre correspondant à l'un de ceux qui sont tracés sur la règle graduée, ainsi :

M M ♩= 72 ou encore M M. ♩. = 48.

D... *Que signifient ces sortes de formules ?*

R... M M veut dire Métronome Maelzel.

♩= 72 veut dire que dans l'espace d'une minute, on doit faire soixante-douze noires. Si la noire est l'unité de temps, chaque temps aura donc la durée absolue de $\frac{1}{72}$ de minute.

D... Comment jugera-t-on la durée de ce 72ème de minute ?

R... Le curseur du Métronome dont nous avons parlé (page 30.) étant placé sur le trait correspondant au nombre 72 de la règle graduée, le passage de ce curseur d'un côté à l'autre dure $\frac{1}{72}$ de minute, ce 72ème est marqué, (dans le Métronome de Maëlzel, par un bruit simulant le tic tac d'un moulin.)

D... Donnez quelques exemples de transposition ?

R... Voici un fragment de la marche des Pupilles (Nº 1 et 2) et un air breton (Nº 3 et 4). M.M. ♩= 112

(1)

Ton de mi (M.M. 112) 5 5 | i i | 7 5 7 | 2 2 | i 5 5 | i i | 7 2 3 4 2 | 3 i i 2 7 | i 0 ||

(2) M.M. ♪= 112

Ton de mi (M.M. 112) 5 5 | i i | 7 5 7 | 2 2 | i 5 5 | i i | 7 2 3 4 2 | 3 i i 2 7 | i 0

(3) Fin D.C.

Ton de Mi mineur (M.M. 84) 𝄋 ||: i i i | i 7 i 2 i 2 | 3 3 i i i | i 7 i 2 i 7 | 6 Fin :|| 3 3 3 | 6 2 2 i 7 | i 0 :|| 𝄋

(4) Fin D.C.

Ton de fa mineur (M.M. 84) 𝄋 ||: i i i | i 7 i 2 i 2 | 3 3 i i i | i 7 i 2 i 7 | 6 Fin :|| 3 3 3 | 6 2 2 i 7 | i 0 :|| 𝄋

(5) FIN

Ton de Si (M.M. 92) 𝄋 ||: 1 2 3 | 5 4 3 | 2 1 2 | 3 1 | 1 7 6 | 5 4 3 | 5 2 3 | 2. | 1. Fin || (1-5) Ton de Si 5 6 7 | 7 6 5 | 5 7 2 | 1 7

DC

5 6 7 | 7 6 5 | 5 4 2 | 1 2 (1-5) 𝄋

(L'Instructeur multipliera ces exercices de transposition.)

Fin de la 3ème partie.

Appendice.

1° Etude des Chœurs.

L'instructeur ne commencera l'étude des Chœurs, que lorsqu'il jugera la connaissance de l'Intonation et de la mesure suffisante pour faire aborder ce nouvel exercice.

Comme préliminaire, il fera chanter à deux ou à trois parties, au moyen des deux baguettes, sur les tableaux N° 1 et N° 3 où les notes sont disposées verticalement en accords. Il commencera ensuite la lecture des canons, p. 56 des exercices élémentaires, et les premiers des duos qui se trouvent à la fin de ce guide.

Division en classes.

Quand ces canons seront exécutés d'une manière satisfaisante, jusqu'au N° 32 inclusivement, l'instructeur divisera le cours en deux classes.

La plus forte, qui pourra s'appeler la 1re division, apprendra les Chœurs et poussera plus loin l'étude des exercices. On pourra adjoindre aux élèves de cette classe ceux qui, bien que moins avancés, auraient une voix agréable et forte.

La seconde division comprendra ceux dont l'organisation musicale est moins bonne. On reprendra pour ceux-ci depuis la première leçon du cours.

Ordres des jours de leçons.

Si le service du bord le permet, les leçons pour la première classe auront lieu le Mardi, le jeudi et le Samedi; les leçons pour la seconde auront lieu le Lundi, le Mercredi et le Vendredi.

Si au contraire, le service du bord ne permet pas que le cours se fasse tous ces jours de la semaine, il faudra alterner les deux divisions, en réservant le Samedi à la première pour l'étude des Chœurs.

Dans tous les cas le Samedi sera exclusivement consacré à l'étude des Chœurs et les autres jours à celle des exercices.

Ordre à suivre pour étude des parties.

L'instructeur ne réunira tous les choristes à la répétition du Samedi, que pour l'ensemble des morceaux. Il fera apprendre chaque partie séparément en commençant par la basse, continuant par les parties intermédiaires, laissant la partie du 1er ténor qui sera étudiée, lorsque les autres seront sues. En effet, si l'on commençait par les premiers ténors, dont la partie est généralement la plus aisée, on verrait très souvent les basses, les barytons et les 2èmes ténors saisir cette première partie et la chanter à la place de celle qu'ils ont à faire (Il est évident que cet inconvénient n'aura lieu que si tous les élèves sont obligés, pour l'ordre du service intérieur, d'être en même temps tous présents au cours.) Malgré cela il ne faudra jamais commencer par l'étude de la première partie qui s'apprend facilement, mais suivre l'ordre donné plus haut.

Dès que la basse et une partie intermédiaire seront connues, on les réunira. Quand une autre sera apprise on rassemblera les trois parties et, ainsi de suite, si le Chœur a plus de quatre parties jusqu'à celle des premiers ténors.

Celle-ci connue, la répétition générale est entreprise; mais seulement alors.

Enseignement de la partie à l'étude.

L'Instructeur écrira sur le tableau noir la partie à l'étude, il l'enseignera comme si c'était un exercice d'intonation et de mesure; en la faisant d'abord lire avec la langue des durées et en mesure battue de la main droite. Les élèves la chanteront ensuite en nommant les notes. Quand l'intonation et la mesure seront très bien rendues, il fera appliquer les paroles.

Ton à prendre pour l'étude des parties enseignées séparément.

Il n'est pas nécessaire que, dans les répétitions de détail, l'instructeur soit esclave du ton marqué; il peut, afin de ménager les voix des chanteurs, faire exécuter les parties de basses un peu plus haut qu'elles ne sont écrites et les parties de ténors un peu plus bas, à la condition, bien entendu, que les basses aient des notes graves répétées ou les ténors de fréquentes notes aiguës dont l'exécution au ton indiqué, en parties séparées, les fatiguerait inutilement.

L'instructeur appréciera; cependant il ne s'écartera pas trop du ton inscrit parce que les exécutants seraient un peu déroutés, quand ils chanteraient ensuite à la hauteur marquée.

Quel ton l'instructeur prendra-t-il lorsque les parties d'un Chœur connues, il désirera les faire exécuter ensemble?

Il verra d'abord quelle est l'étendue du chœur depuis la note la plus grave jusqu'à la note la plus aiguë et jugera alors si les voix dont il dispose peuvent rendre toutes les notes qui y sont comprises. Si l'étendue de ces voix n'est pas suffisante, il renoncera de prime abord à l'étude de ce Chœur; car il ne devra jamais forcer les voix qui, dans les notes aiguës, seraient criardes et peut-être fausses, et dans les notes graves ne s'étendraient plus. Cependant le ton sera observé et le morceau appris, si les sons extrêmes, graves ou aigus ne sont qu'en petit nombre, ou si les sons graves peuvent, sans causer de troubles sérieux dans l'harmonie, être remplacés par d'autres sons un peu plus élevés dans l'échelle musicale. Ces petits changements ne se feront qu'à bon escient et si le morceau présente des qualités spéciales comme effet ou comme étude.

Sans fixer ici absolument l'étendue d'un Chœur à apprendre aux hommes ou aux enfants, c'est-à-dire sans fixer l'étendue qu'il doit avoir pour que des marins ou des mousses puissent le chanter, voici cependant les limites raisonnables qui doivent le borner, en prenant, bien entendu, comme point de départ le son du la fourni par le diapason musical:

1° pour les Mousses, (c. à d. pour les enfants de 13 à 16 ans) de 7 au 2 ou au 3 au plus haut.

2° — Novices — 16 à 18 — 6 — 3 — 4 —

3° — Marins du 5 au moins du 6 au 4 ou au 5 au plus. S'il y avait des 6 ils ne devraient être que très rares.

Sans fixer non plus le nombre de parties que doivent avoir les Chœurs à apprendre, il faudrait pourtant que ceux qui seront destinés à être chantés par les mousses ou par les novices, ne soient pas à plus de trois parties; ceux qui sont destinés à être chantés par les marins n'en dépasseront pas, sauf exceptions très rares, le nombre quatre.

L'instructeur pourra, s'il connaît assez l'harmonie, réduire le nombre de parties d'un morceau d'ensemble à celui qui est indiqué ci-dessus; mais, comme il est dit plus haut, à cette même page, il ne le fera qu'à bon escient et si le morceau présente des qualités spéciales comme effet, ou comme étude.

Exception à la règle à suivre pour l'étendue et le nombre des parties d'un chœur.

Il va sans dire que si, parmi les élèves, il s'en trouve qui possèdent une belle voix de ténor, de basse ou d'enfant (soprano), il pourra faire apprendre des Chœurs plus étendus et à plus de parties, et usera des solos avec accompagnement de Chœur.

Dans les cas ordinaires il devra s'assujétir à rester dans les limites tracées précédemment.

Manière de donner le ton lors de la répétition ou de l'exécution de l'ensemble.

Lors de l'exécution d'ensemble, l'instructeur établira d'abord le ton, en donnant toujours, en premier lieu, le son de la tonique qu'il appellera naturellement ut si le ton est majeur et La si le morceau est en mineur. Il partira de là pour donner rapidement toutes les notes formant le premier accord, dont les choristes répéteront ensemble la première note de leur partie.

L'Instructeur ne commencera l'ensemble qu'après s'être ainsi assuré que chacun possède le son juste de départ.

Place des Choristes.

Les choristes seront disposés en arc de cercle, plus ou moins grand suivant leur nombre.

Ainsi que dans la figure ci-dessous, l'instructeur leur faisant face, les basses seront à sa gauche, les 1ers ténors à sa droite; au milieu et à côté des basses, se trouveront les barytons; les 2èmes ténors seront placés entre les barytons et les 1ers ténors. Ainsi, prenant l'ordre réel dans lequel sont placés les chanteurs, les uns par rapport aux autres, les premiers ténors tiendront la gauche, puis en allant vers la droite, viendront les 2èmes ténors, les barytons et, enfin les basses qui eux, tiendront la droite. Si l'espace le permet, il faudra laisser une distance assez grande entre les voix d'espèces différentes; de plus, pour que l'ensemble soit bon, il faudra que les chanteurs d'une même partie soient un peu serrés; ainsi l'harmonie est mieux fondue.

Barytons. 2es ténors.

Basses. 1ers ténors.

Instructeur.

Dans la figure ci-contre, on voit la place qu'occuperaient les chanteurs pour l'exécution d'un morceau à quatre parties.

(Il est évident que s'il y avait moins de parties, on formerait aussi moins de groupes.)

Mouvement des Chants.

Le mouvement d'un morceau ou, si l'on veut, la durée à donner aux notes n'est pas toujours indiquée au moyen du Métronome. On se sert parfois, pour cette indication, de mots italiens dont voici la plupart avec leur signification:

Largo	Largement	Allegretto (all^tto)	Moins vite qu'allegro.
Larghetto	Moins largement que largo.	Vivace	Vivement.
Grave	Gravement.	Presto	Vite.
Lento	Lentement.	Prestissimo	Très vite.
Maestoso	Majestueusement.	Accelerando	En accélérant.
Adagio	Posément.	Allargando	En rallentissant.
Andante (and^te)	D'un mouvement modéré.	Rallentando	d°
Andantino (and^no)	Un peu moins lent que andante.	Ritenuto	En retenant
Moderato (Mod^to)	Modérément.	Stretto	Plus serré, plus rapide.
Cantabile	Facile à chanter.	A tempo primo	En mesure, en revenant au 1er mouvement.
Sostenuto	Soutenu	A piacere	A plaisir, à volonté.
Tempo giusto	Tempo juste; ni trop lent, ni trop vite.	Ad libitum	à volonté.
Allegro (all^o)	Gaiement, animé.		

Le sens de ces expressions est quelquefois modifié par des mots que l'on place avant elles. Ainsi:

Un poco, qui veut dire:	Un peu	Assai, qui veut dire:	plus accentué que molto.
Non troppo	pas trop	Più	plus.
Molto	beaucoup	Più mosso.	plus animé.

Nuances des Chants. (1)

Les nuances d'un morceau sont aussi indiquées par des mots italiens dont voici la plupart avec leur signification:

Pianissimo (PP)	Très faiblement.	Rinforzando (Rinf)	En renforçant le son
Piano (P.)	faiblement.	Crescendo (Cresc. ou)	En augmentant le son.
Dolcissimo (Dolciss.)	Très doucement.	Smorzando (Smorz)	En éteignant insensiblement le son.
Dolce (Dol)	Doucement.	Diminuendo (Dim)	En diminuant le son.
A mezza voce	A demi-voix.	Decrescendo (Decresc. ou)	En décroissant.
Mezzo forte (mf)	Demi-fort.	Calando	En diminuant et en rallentissant.
Forte (F.)	Fort.	Perdendosi	En faisant mourir le son peu à peu.
Fortissimo (FF)	Très fort.	Morendo	d°
		Legato	Lié.

(1) Les expressions ci-dessus ont été prises dans le solfège de Edouard Batiste.

Religioso.	Religieusement.	Con anima	Avec âme.
Amoroso.	avec tendresse	Con dolore	avec douleur.
Affectuoso	affectueusement.	Con fuoco	avec feu.
Graciozo	Gracieusement.	Con moto	avec émotion.
Scherzo	En badinant.	Deciso	avec décision.
Scherzando	d°	Risoluto	avec résolution.
Con brio	D'une manière brillante.	Agitato	avec agitation.
Con expressione	Avec expression.	&c. &c.	....

Les nuances indiquées devront être scrupuleusement observées et même, soulignées par les Choristes, de manière que le passage, par exemple, du piano au forte et réciproquement, soit bien marqué, que les crescendo, les diminuendo, soient exécutés graduellement, sans transition brusque, que les points d'orgue soient francs et terminés avec ensemble par les chanteurs, sur un signe bref du moniteur, et ainsi des autres nuances.

Dissonances. Au lieu d'éviter, pour ainsi dire, les dissonances en les faisant chanter mollement, sans hardiesse, l'instructeur recommandera, au contraire, d'appuyer sur elles, mais sans trop d'affectation cependant. Ces dissonances attaquées franchement, hardiment, avec justesse produisent alors, le plus souvent, sur les auditeurs un effet tout différent de celui qu'on semble craindre et si, la plupart du temps, elles sont si mal jugées, c'est qu'elles sont presque toujours rendues sans hardiesse ou plutôt, et parsuite, chantées faux.

Dièses et bémols. Que le dièse soit franchement attaqué en le rapprochant de son point supérieur d'appui, que le bémol soit aussi rapproché de son point d'appui inférieur.

Paroles des Chœurs. Le Chœur sera d'abord lu en notes et, seulement, lorsque la justesse, la mesure et les nuances du morceau seront rendues d'une manière satisfaisante, l'instructeur entreprendra l'application des paroles.

Chefs d'attaque. En terminant ce chapitre, voici un conseil qu'il est très important de suivre: c'est la cheville ouvrière de l'étude des Chœurs.

L'Instructeur désigne des chefs d'attaque, c'est-à-dire des élèves qui, mieux organisés que les autres, pourront entraîner ces derniers.

Il en faut un ou deux pour chaque partie.
L'instructeur leur enseigne séparément celle qu'ils chanteront ensuite avec les autres, et qui sera, par eux, plus rapidement apprise. Les chefs d'attaque sont d'un secours inappréciable; ils doivent être choisis avec soin et poussés plus avant dans l'étude des exercices. Ils formeront, pour cela, un cours de moniteurs dont l'instructeur s'occupera spécialement, dans les moments disponibles que pourra laisser le service intérieur du bord. Cela est essentiel. Les conseils qui suivent au secondo de l'appendice s'appliquent à l'instruction de ces moniteurs.

Nomenclature

des Chœurs religieux ou profanes,

formant le répertoire des morceaux d'ensemble connus des élèves de la 1re Classe à l'École des Mousses et au bataillon des marins-fusiliers.

N° d'ordre	Désignation des Chœurs	Nombre et désignation des parties	Étendue	Ton à prendre pour: Marins	Ton à prendre pour: Novices Mousses	Noms des Compositeurs	Observations
	1° Chœurs religieux.						(1) Les Chœurs marqués difficiles ne sont que d'une difficulté relative. - Il n'y a réellement pas dans ceux qui suivent de grandes difficultés à vaincre.
1	Adeste fideles	trois: 1er et 2e T. Bas.	5 - 6	La	Fa	"	Facile
2	Adoramus te	quatre: d° Bar. Bas.	6 - 5	Ut	"	Palestrina	Difficile
3	Agnus Dei	trois 1er et 2e T. Bas.	5 - 2	Fa	Ré	Aulagnier	Facile R
4	Ave Maris Stella	— d° —	1 - 6	Sol	Fa	— d° —	Facile R
5	Cantique	quat. 1er et 2e T. Bar. B.	1 - 5	Sei	"	Bazzozi	Difficile R
6	Cantique à la Vierge	Deux T. et Basse	1 - 5	La	Fa	Calvès	Facile
7	Domine salvam fac	— d° —	5 - 5	La	Fa	"	Facile
8	Église (l') sur la mer du monde	quat. 1er 2e T. Bar. Bas.	1 - 5	Sei	"	Lambillotte	Facile (Solo)
9	Invocation	trois: 1er 2e T. Basse	7 - 5	Ut	"	Alchévé	Facile

(Nota): T veut dire ténor, Bar. veut dire baryton, Bas. veut dire basse. - Les Chœurs marqués d'un R se trouvent dans le Recueil de Chœurs délivré à l'Armement.

Nos d'ordre	Désignation des Chœurs.	Nombre et désignation des parties.	Etendue	Ton à prendre pour Marins	Ton à prendre pour Mousses	Noms des Compositeurs.	Observations	
10	Kyrie eleison	Deux T. Bas.	1 – 5	Sen	La	Weber	Facile	R.
11	O filii et filiæ	trois 1er et 2e T. Bas.	7 – 3	La min.	Sol min.	"	d°	
12	O salutaris hostia	d°	1 – 6	La	Fa	Duguet	d°	R
13	Prière à la Vierge	d°	4 – 4	Ren	"	A. Chevé	Difficile	
14	d° de Joseph	Réduite à trois 1er et 2e T. et Bas.	1 – 4	Ut	Sol	Méhul	Facile	R
15	d° de la Muette de Portici	quatre 1er 2e T. Bar. Bas.	3 – 1	Fa	"	Auber	d°	R
16	d° de Zampa	trois 1er et 2e T. Bas.	3 – 1	Leu	Men	Hérold	d°	R
17	Reine des Cieux	d°	3 – 6	La	Fa	"	d°	
18	Sanctus	d°	3 – 1	Fa	Ré	Aulagnier	d°	R

Chœurs profanes.

Nos d'ordre	Désignation des Chœurs.	Nombre et désignation des parties.	Etendue	Ton à prendre pour Marins	Ton à prendre pour Mousses	Noms des Compositeurs.	Observations	
1	A la mer	quatre 1er et 2e T. Bar. et Basse.	5 – 1	Fa	Ré int. mousses	Bellini	Difficile	R.
2	Bonsoir	trois 1er 2e T. Bas.	5 – 1	Fa	Ré	Dalmières	d°	
3	La chanson du meunier	d°	5 – 2	Fa	Ré	Calvès	Facile	R.
4	Chant de guerre	quatre 1er et 2e T. Bar. Bas.	5 – 5	Ré	"	Stung	d°	R
5	Chant matinal du guerrier	deux T. et bas.	5 – 1	Men	Ut	Gross	d°	R
6	Conscrit (le jeune)	quatre 1er et 2e T. Bar. et bas.	1 – 1	Sol	Ré int. 3 mousses	Kucken	d°	R
7	Croix d'honneur (La)	trois 1er 2e T. et Bas.	5 – 1	Ré	Ut	L'Hermite	d°	
8	Dame blanche (La)	d°	5 – 1	La	Fa	Boieldieu	Difficile	
9	Départ (Le)	d° avec solo.	5 – 1	Fa	Ré	Fournier	Facile	
10	Départ (Le) des hirondelles.	Deux T. et Bas.	3 – 6	La	Fa	"		
11	Embarque matelot.	Réduit à quatre: 1er et 2e T. Bar. et Bas.	1 – 6	La	Fa	Membrée	Difficile	R
12	Exil et retour	trois 1er et 2e T. Bas.	3 – 5	La	Fa	"	Facile	
13	Fleurs (Les)	Deux T. et Bas.	5 – 1	Ré	Ut	Calvès	d°	R
14	Forgerons (Les)	trois 1 et 2 T. Bas.	3 – 1	Sol	mi	Azioli	d°	R
15	Galathée (le chœur d'introduction)	quatre et solo.	5 – 2	La	Fa	V. Massé	Difficile	R
16	Hymne (L') du matin	quatre T. Bas.	1 – 6	Sen	"	Bezzozi	d°	R
17	Jardinier (Le petit)	Deux T et Bas.	1 – 1	Fa	Ré	Calvès	Facile	R
18	Lambert Simnel	trois 1 et 2 T. et Bas	1 – 5	Ut	La	A. Adam	d°	
19	Marche	d°	1 – 5	Ré	Si	Brandt	d°	
20	Naples	Deux T. et Bas.	3 – 7	La	mi	"	d°	
21	Pont (le) d'Arcole	d°	1 – 4	"	La	O. Comettant	d°	

Nos d'ordre	Désignation des Chœurs.	Nombre et désignation des parties.	Étendue	Ton à prendre pour		Noms des Compositeurs.	Observations.
				Marins	Mousses		
22	Rataplan (un) de plus.	trois 1er et 2e T. et Bas	1 – 5	Ré.	Sol	Mayer	Facile R.
23	Retraite (La)	quat. do Bar et Bas	5 – 6	Ut	„	L. de Rillé	Difficile R.
24	Réveil (Le) du moissonneur	— do —	1 – 1	Sol	„	A. Paris	Facile R.

Comme il est écrit au Nota de la page précédente, l'indication difficile veut dire simplement que les Chœurs sont d'une difficulté relative. Ils devront seulement être appris après ceux qui sont suivis de l'annotation facile.

2°. Étude des Gammes par dièses et des Gammes par bémols, avec la langue qui est propre à chacune d'elles.

Il a été déjà dit que le but des cours de musique vocale, dans la marine, est de faire chanter à bord des morceaux d'ensemble, et aussi, de faire arriver les hommes à lire aisément un air d'une difficulté moyenne, c'est-à-dire la plupart des romances, des airs et des parties de Chœurs. Pour atteindre à ce résultat, il suffira que l'instructeur ait appris aux élèves ce qui est exposé dans les trois parties et dans l'appendice No 1 du guide. En effet, la connaissance de la gamme majeure d'Ut, de la gamme mineure de La, des gammes chromatiques des dièses et des bémols accidentels, leur suffira pour qu'ils lisent à première vue un morceau écrit en chiffres ou même écrit sur la portée qu'ils sauront traduire en chiffres, ou qu'ils liront en langue d'Ut d'après le système de transposition de la méthode Galin-Paris-Chevé. L'étude de la langue propre à chacun des tons par dièses ou des tons par bémols ne leur est pas nécessaire. Ce qui suit est donc à l'adresse des élèves qui désireront perfectionner leur instruction musicale.

Cours des Moniteurs.

Il ne faut pas que l'instructeur commence cet enseignement avant que tous les exercices élémentaires de musique vocale soient parfaitement sus.

Le tableau N° 4 : Génération des gammes par dièses et des gammes par bémols sera, comme l'indique son nom, employé pour faire apprendre, avec leur langue absolue, les différents tons majeurs ou mineurs. Dans la théorie, l'instructeur a démontré : 1° que les tons, en musique, sont simplement les diverses hauteurs auxquelles on peut exécuter l'air type majeur Ut, Ré, Mi, Fa, Sol, La, Si, ut, ou l'air type mineur La, Si, ut, ré, mi, fa, je, la.

2° Que dans le tableau N° 4 précité, les gammes par dièses, qui sont placées à droite de ces deux airs types, comme toutes les gammes par bémols à leur gauche, ne sont que la reproduction exacte, de ces deux airs types, puisqu'elles ont été calquées sur ces deux modèles. C'est là un point essentiel à noter : Aussi, faut-il, qu'avant d'aborder une gamme par dièses ou une gamme par bémols, on fasse chanter deux ou trois fois les exercices connus dans la gamme d'ut majeur ou de la mineur ; puis on reproduit le même air en se servant de la langue propre au ton dans lequel on veut chanter. Les 15 tons, dont 7 par dièses et 7 par bémols, sont en effet 15 langues, ou, par comparaison, 15 couplets d'une chanson dont l'air serait toujours pour le majeur celui qui est produit par ut, ré, mi, fa, sol, la, si, ut, et pour le mineur celui qui est produit par la, si, ut, ré, mi, fa, je, la. Ce qui précède étant bien établi et, surtout, dit et redit, jusqu'à ce que l'instructeur soit certain, après avoir interrogé ses élèves, que tous comprennent cette théorie de la génération des gammes, l'étude du tableau N° 4 peut alors, mais seulement alors, être entreprise.

L'instructeur commencera par le ton ou la gamme de sol majeur, puis il passera au ton de fa majeur, ensuite il enseignera dans l'ordre suivant les tons majeurs de ré, de lu, de seu, de mi, de meu, de si, de leu &c ....

Voici comment se fera cette étude :

Prenons pour exemple le ton majeur de sol.

Ce que l'on dira pour ce ton, s'applique à l'étude de tous les autres tons majeurs par dièses ou par bémols.

L'instructeur fera chanter plusieurs fois le modèle 1, 2, 3, 4, 5, 6, 7, 1, puis, sur le même air, les élèves chanteront 5, 6, 7, 1, 2, 3, 4, 5 en montant et en descendant. Reprenant ensuite l'air type, il fera chanter 1, 3, 5, 1 et, sur le même air, 5.7.2.5 le ton sol majeur étant ainsi bien établi, l'instructeur fera exécuter, avec la langue de sol majeur, tous les exercices majeurs de la méthode ci-après désignés :

Page 3 : Résumé de la 1re Série. Page 4 : Résumé de la 2e Série. Page 5 : Résumé de la 3e Série, enfin de page 7 à page 11 inclusivement. Tous ces exercices doivent être étudiés par grande flèche.

Si une difficulté d'intonation se présente trop grande, l'instructeur fera reprendre l'exercice dans la langue type d'ut majeur pour revenir dans le ton de sol ; ce que les élèves feront facilement puisqu'ils n'ont qu'à reproduire le même air.

Mêmes observations pour l'étude des tons mineurs que l'on fera étudier, en calquant, cette fois, le modèle 6, 7, 1. 2. 3. 4̸, 5̸, 6 de page 13 à page 21. On étudiera ici les numéros de la mineur correspondant à ceux d'ut majeur, soit :

Page 13 Nº 1 et 2 : Résumé de la 1re Série, p. 14 : Résumé de la 2ème, p. 15. Résumé de la 3e et 4e. et de page 16 à 21 inclusivement.

Comme pour les tons majeurs, ces exercices doivent être exécutés par grandes flèches.

Exemples pour sol majeur et pour sol mineur.

Établir bien le son, en faisant chanter sur l'air 1, 2, 3, 4, 5, 6, 7, 1. la gamme 5, 6, 7, 1, 2, 3, 4̸, 5, en montant et en descendant, et sur l'air 1, 3, 5, 1, les notes correspondantes de sol majeur : 5, 7, 2, 5, en montant, puis en descendant.

Si l'on veut ensuite faire étudier en sol majeur le Nº 2, groupe 2, 10e Série, p. 9, le professeur montrera naturellement les notes dans l'ordre qui suit : 25752 – 35153 – 25752 – 24̸64̸2 – 25752 – 24̸14̸2 – 25752 – 5 et ainsi de suite pour tout ce numéro qui doit facilement être lu, puisque les élèves le connaissent déjà dans la langue d'ut majeur.

Établir bien le ton, en faisant chanter sur l'air 6, 7, 1, 2, 3, 4', 5̸, 6 la gamme 5, 6, 7, 1, 2, 3, 4̸, 5, en montant et en descendant, et sur l'air 6, 1, 3, 6, les notes correspondantes de sol mineur : 5, 7, 2, 5, en montant, puis en descendant. Si l'on veut ensuite faire étudier en sol mineur le Nº 2, groupe 2, 6e Série, p. 17, le professeur montrera naturellement les notes dans l'ordre qui suit : 25752 – 35753 – 25752 – 247̸42 – 25752 – 26162 – 25752 – 5 et ainsi de suite pour tout ce numéro qui doit facilement être lu, puisque les élèves le connaissent déjà dans la langue de La mineur.

Ce qui vient d'être dit pour ces deux exemples s'applique à tous les exercices désignés ci-dessus, non seulement, bien entendu, pour les tons de Sol majeur et de Sol mineur mais aussi pour toutes les autres gammes par dièses ou par bémols.

Quand les élèves passeront d'un ton qu'ils connaissent dans un ton nouveau, l'instructeur fera repasser rapidement quelques intervalles dans les tons déjà étudiés, tout en avançant dans l'étude des autres.

Là, le professeur fera chanter ceux des intervalles qu'il jugera convenable de reprendre.

Ouvrages à consulter. — Voici, en terminant, quelques ouvrages que l'instructeur pourra consulter, et dans lesquels il trouvera des exercices et des détails théoriques et pratiques, dont il pourra profiter et faire profiter ses élèves.

Nous ne les citons, bien entendu, que pour mémoire dans ce guide.

1º Méthode élémentaire d'harmonie et de composition. (2 Volumes) par Mr. Mr Emile Chevé

2º 800 Duos gradués en un volume ou en huit recueils ———— dº ————

3º Méthode élémentaire de piano ———— Mme dº ————

4º Manuel progressif (Recueil contenant 2400 airs gradués ———— Aimé Paris ——

5º Œdipe musical (Appareil servant à opérer les transpositions ———— dº ————

6º Répertoire de la société chorale de l'école Galin-Paris-Chevé (4 Vol.) Société de Paris

7º Recueils de Messe ———— dº ———— dº ————

8º Morceaux faciles ———— dº ———— dº ————

9º Routine et bon sens, Brochures diverses, Polémique ———— Emile Chevé.

10º Cours de musique théorique et pratique ———— Pierre Bos.

Les neuf premiers ouvrages se trouvent à Paris, chez Mr Amand Chevé, 36 rue Vivienne, le 10e se trouve chez Mr Alph. Pagès, 7 rue Guénégaud, à Paris (Librairie de l'écho de la Sorbonne).

Fin de l'Appendice.

Duos gradués

Ces duos devront être chantés de la manière suivante :

1° Les élèves appliqueront la langue des durées ;

2° Ils chanteront la première, puis la seconde ligne ;

3° Ils seront ensuite divisés en deux groupes pour chanter en duo. La 1re partie sera faite par l'un des groupes, la 2e partie par l'autre ; le duo sera repris une seconde fois, en changeant de partie, de manière que le groupe, qui a chanté la première partie, chante la seconde à la reprise de l'exercice, et réciproquement.

On fera de même pour l'exécution de tous les duos.

L'instructeur donnera le mouvement qu'il jugera convenable ; cela dépendra de la facilité avec laquelle les élèves liront ces duos.

Première Série, (Mode majeur) coupes sans traits (Ta)

N° 1. Ton de Ré — (1 — 1̇)

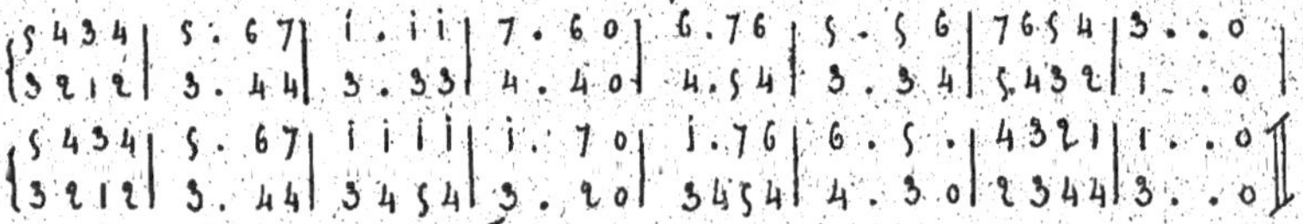

5 4 3 4 | 5 . 6 7 | 1̇ . 1̇ 1̇ | 7 . 6 0 | 6 . 7 6 | 5 . 5 6 | 7 6 5 4 | 3 . . 0 |
3 2 1 2 | 3 . 4 4 | 3 . 3 3 | 4 . 4 0 | 4 . 5 4 | 3 . 3 4 | 5 4 3 2 | 1 . . 0 |

5 4 3 4 | 5 . 6 7 | 1̇ 1̇ 1̇ 1̇ | 1̇ . 7 0 | 1̇ . 7 6 | 6 . 5 . | 4 3 2 1 | 1 . . 0 ||
3 2 1 2 | 3 . 4 4 | 3 4 5 4 | 3 . 2 0 | 3 4 5 4 | 4 . 3 0 | 2 3 4 4 | 3 . . 0 ||

N° 2 — Ton d'Ut — (1 — 3̇)

3 4 5 6 | 6 . 5 . | 1 2 3 4 | 4 . 3 0 | 5 1̇ 1̇ 7 | 7 . 6 . | 5 6 7 6 | 5 . . 0
1 2 3 4 | 4 . 3 . | 3 2 1 1 | 2 . 1 0 | 3 3 4 4 | 4 . 4 . | 4 4 4 4 | 3 4 3 2

3 4 5 6 | 6 . 5 . | 1 2 3 4 | 4 . 3 0 | 5 1̇ 2̇ 3̇ | 3̇ . 2̇ . | 1̇ 7 6 7 | 7 . 1̇ 0 ||
1 2 3 4 | 4 . 3 . | 3 2 1 1 | 2 . 1 0 | 3 3 4 5 | 5 . 5 . | 4 4 4 4 | 4 . 3 0 ||

N° 3 — Ton de Sel — (1 — 4̇)

5 6 7 1̇ | 5 . . 3 | 5 4 2 5 | 5 . 3 0 | 5 6 7 1̇ | 2̇ . . 3̇ | 4̇ 3̇ 2̇ 1̇ | 2̇ . . 0
3 4 5 4 | 3 . . 1 | 7 2 4 4 | 3 . 1 0 | 3 4 5 6 | 5 . . 1̇ | 7 1̇ 7 6 | 5 6 5 4

5 6 7 1̇ | 5 . . 3 | 5 4 2 5 | 5 . 3 0 | 1̇ 1̇ 2̇ 3̇ | 4̇ . . 3̇ | 2̇ 1̇ 7 5 | 1̇ . . 0 ||
3 4 5 4 | 3 . . 1 | 3 2 4 4 | 3 . 1 0 | 3 4 5 1̇ | 6 . . 5 | 5 3 4 4 | 3 . . 0 ||

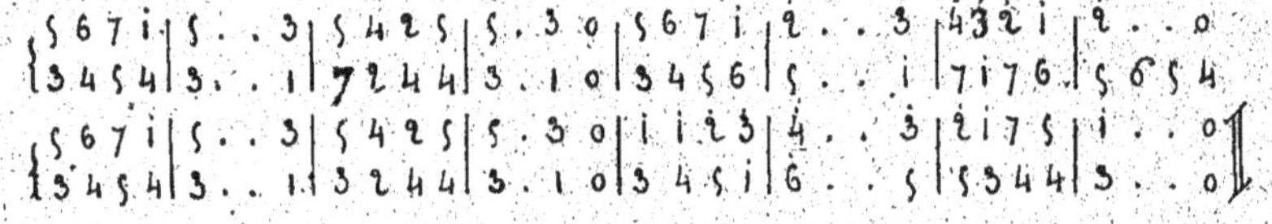

Nº 4 — Ton de mi — (5 — 1).

3 . 4 5 | 3 . 4 5 | 6 . 5 4 | 3 . . 0 | 3 . 4 5 | 3 . 4 5 | 6 5 4 3 | 5 . . 0 |
1 0 2 3 | 1 0 2 3 | 4 0 5 6 | 5 1 5 3 | 1 5 1 3 | 1 5 1 3 | 4 3 2 1 | 2 1 7 0 |

3 . 4 5 | 3 . 4 5 | 6 . 5 4 | 3 . . 0 | 3 . 4 5 | 3 . 4 5 | 6 5 4 4 | 3 . . 0 ‖
1 0 2 3 | 1 0 2 3 | 4 0 5 6 | 5 1 5 3 | 1 5 1 3 | 1 5 1 3 | 4 5 6 7 | 1 . . 0 ‖

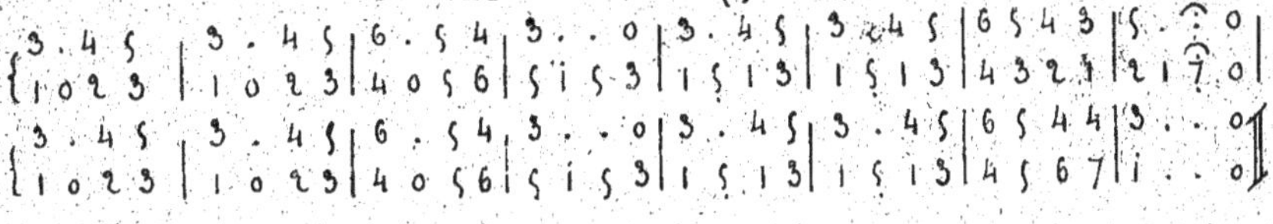

Nº 5 — Ton de Sol — (3 — 6).

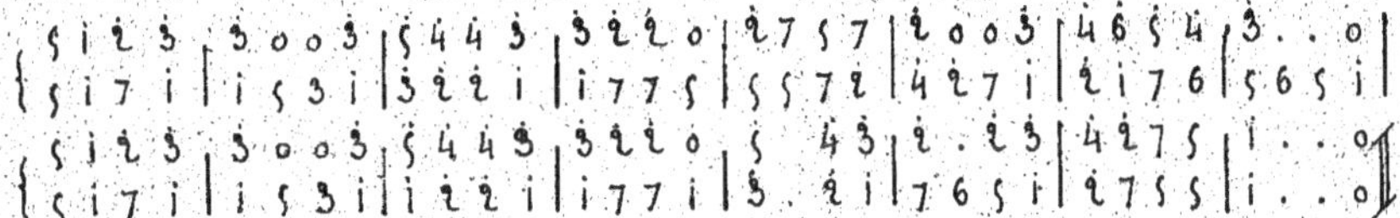

5 1 2 3 | 3 0 0 3 | 5 4 4 3 | 3 2 2 0 | 2 7 5 7 | 2 0 0 3 | 4 6 5 4 | 3 . . 0 |
5 1 7 1 | 1 5 3 1 | 3 2 2 1 | 1 7 7 5 | 5 5 7 2 | 4 2 7 1 | 2 1 7 6 | 5 6 5 1 |

5 1 2 3 | 3 0 0 3 | 5 4 4 3 | 3 2 2 0 | 5 4 3 | 2 . 2 3 | 4 2 7 5 | 1 . . 0 ‖
5 1 7 1 | 1 5 3 1 | 1 2 2 1 | 1 7 7 1 | 3 . 2 1 | 7 6 5 1 | 2 7 5 5 | 1 . . 0 ‖

Nº 6 — Ton d'ut — (1 — 3).

5 0 3 0 | 1 0 5 0 | 1 2 3 2 | 1 . 7 0 | 4 0 2 0 | 5 0 3 0 | 1 7 6 7 | 5 . . 0 |
3 2 1 5 | 3 2 1 5 | 3 5 1 5 | 1 0 5 0 | 4 3 2 5 | 3 2 1 5 | 3 5 4 4 | 3 4 3 2 |

5 0 3 0 | 1 0 5 0 | 1 2 3 2 | 1 . 6 0 | 6 0 4 0 | 6 0 7 0 | 2 1 7 5 | 1 . 0 0 ‖
3 2 1 5 | 3 2 1 5 | 3 5 1 5 | 1 6 4 0 | 4 3 2 5 | 4 3 2 5 | 5 4 3 2 | 1 . 0 0 ‖

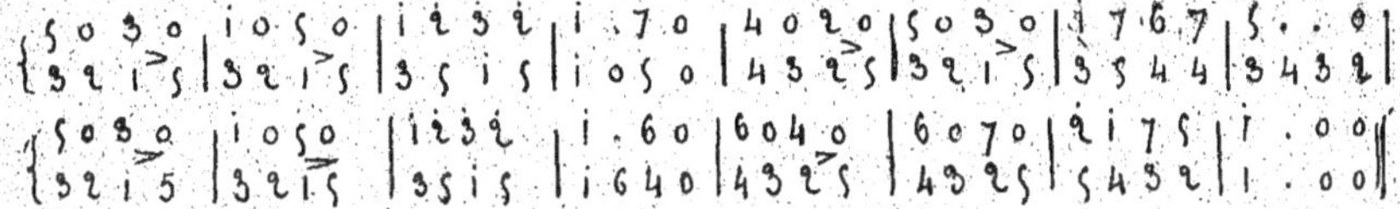

Coupes à un trait, division binaire (ta té)

Nº 7 — Ton d'ut — (7 — 4).

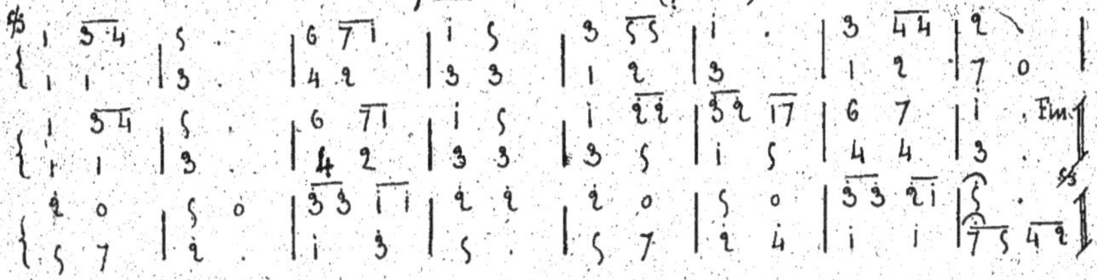

1 34 | 5 . | 6 71 | 1 5 | 3 55 | 1 . | 3 44 | 2 |
1 1 | 3 . | 4 2 | 3 3 | 1 2 | 3 | 1 2 | 7 0 |

1 34 | 5 . | 6 71 | 1 5 | 1 22 | 32 17 | 6 7 | 1 . Fin ‖
1 1 | 3 . | 4 2 | 3 3 | 3 5 | 1 5 | 4 4 | 3 . ‖

2 0 | 5 0 | 33 11 | 2 2 | 2 0 | 5 0 | 33 21 | 5 . ‖
5 7 | 2 . | 1 3 | 5 . | 5 7 | 2 4 | 1 1 | 75 42 ‖

Nº 8 — Ton de ré — (2 — 6).

53 1 | 1 7 | 57 2 | 2 1 | 51 3 | 3 4 | 23 1 | 1 7 |
5 3 | 3 4 | 4 5 | 4 3 | 5 1 | 7 6 | 5 4 | 3 2 |

5 22 | 2 7 | 5 44 | 4 2 | 3 46 | 5 3 | 42 75 | 1 0 ‖
5 7 | 7 5 | 5 7 | 2 5 | 1 2 | 7 1 | 65 44 | 3 0 ‖

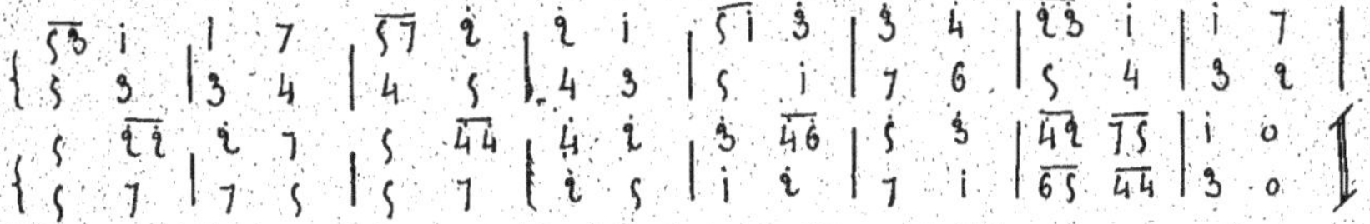

N° 9 _ Ton d'ut _ (7 _ 3)

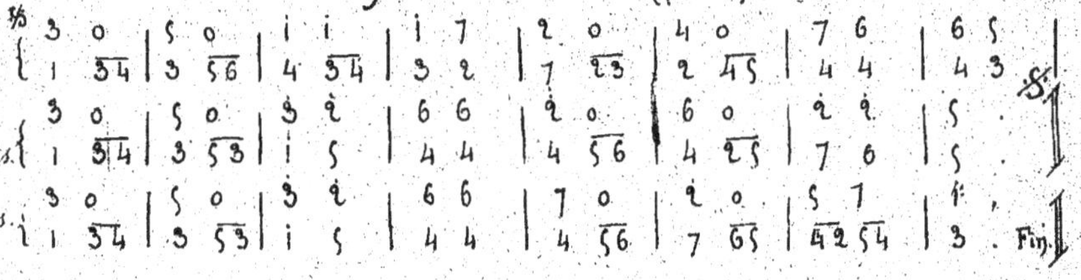

N° 10 _ Ton de Ré _ (7 _ 1)

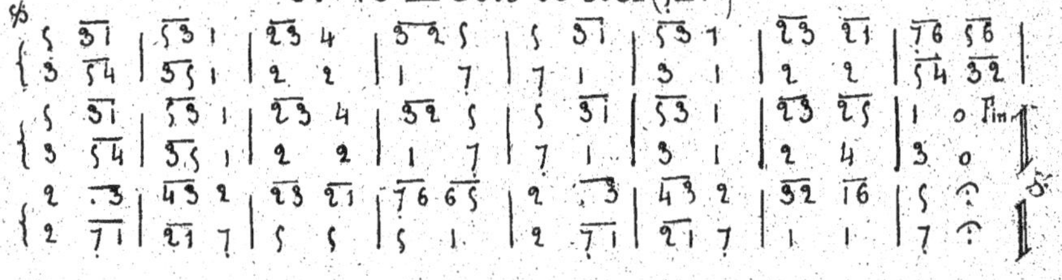

N° 11 _ Ton d'ut _ (1 _ 4)

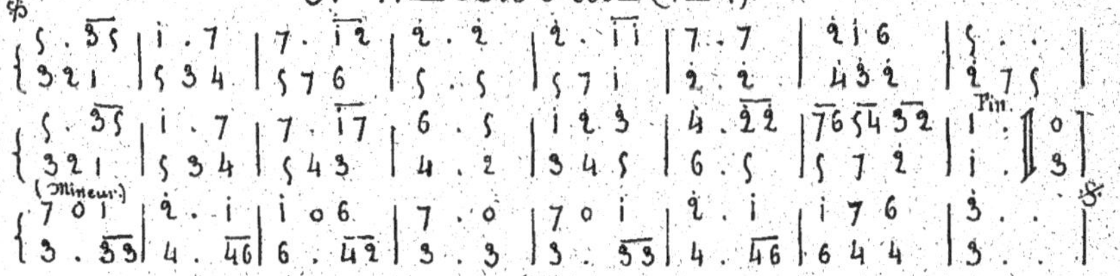

N° 12 _ Ton d'ut _ (7 _ 3)

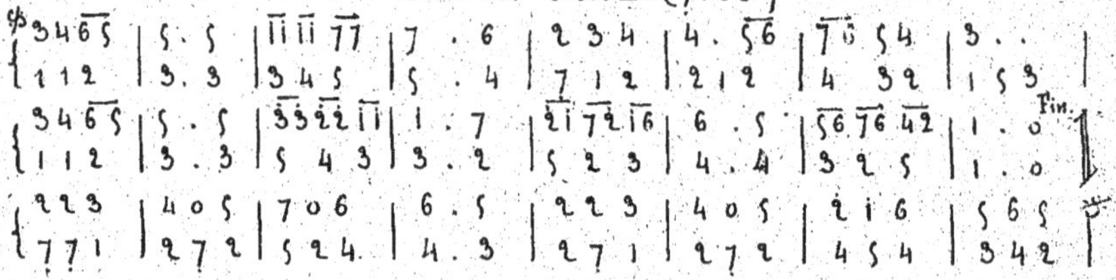

N° 13 _ Ton d'ut _ (7 _ 3)

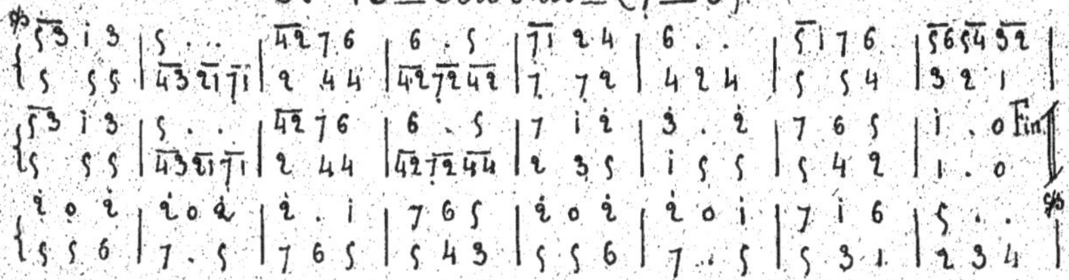

53 1 3 | 5 . . | 42 7 6 | 6 . 5 | 71 2 4 | 6 . . | 5 1 7 6 | 56 54 32 |
5 5 5 | 43 21 71 | 2 4 4 | 42 72 42 | 7 7 2 | 4 2 4 | 5 5 4 | 3 2 1 |

53 1 3 | 5 . . | 42 7 6 | 6 . 5 | 7 1 2 | 3 . 2 | 7 6 5 | 1 . 0 Fin
5 5 5 | 43 21 71 | 2 4 4 | 42 72 44 | 2 3 5 | 1 5 5 | 5 4 2 | 1 . 0

2 0 2 | 2 0 2 | 2 . 1 | 7 6 5 | 2 0 2 | 2 0 1 | 7 1 6 | 5 . .
5 5 6 | 7 . 5 | 7 6 5 | 5 4 3 | 5 5 6 | 7 . 5 | 5 3 1 | 2 3 4 |

N° 14 _ Ton de Ré _ (7 _ 2)

32 13 5 | 32 13 5 | 65 23 4 | 65 12 3 | 32 13 5 | 32 13 5 | 65 76 54 | 34 54 32 |
1 3 5 | 1 3 5 | 2 4 2 | 1 3 5 | 1 3 5 | 1 3 5 | 2 4 2 | 1 3 5 |

32 13 5 | 32 13 5 | 65 23 4 | 65 12 3 | 32 13 5 | 32 13 5 | 65 23 42 | 1 1 . ||
1 3 5 | 1 3 5 | 2 4 2 | 1 3 5 | 1 3 5 | 1 3 5 | 2 4 2 | 1 3 1 ||

7 . 6 | 6 . 5 | 2 2 3 | 4 . 5 | 72 16 76 | 5 . . | 2 0 3 | 4 0 5
4 . 4 | 4 . 2 | 7 . 11 | 2 . 23 | 4 3 2 | 56 53 42 | 7 . 11 | 2 . 23

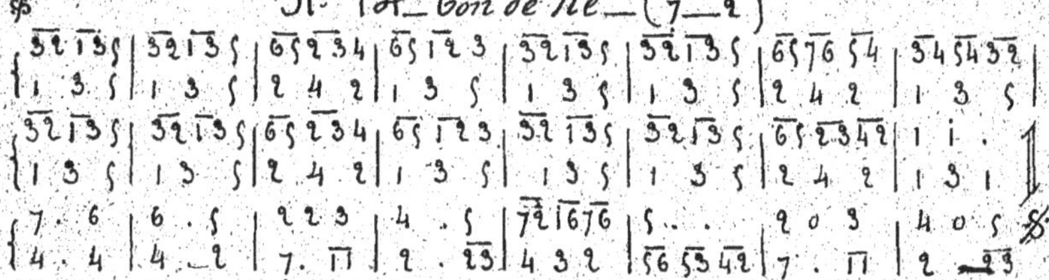

2ème Série (Mode mineur). (1)

Coupes à un trait (division binaire) (ta-té).

N° 15 _ Ton de Sol mineur _ (6 _ 3)

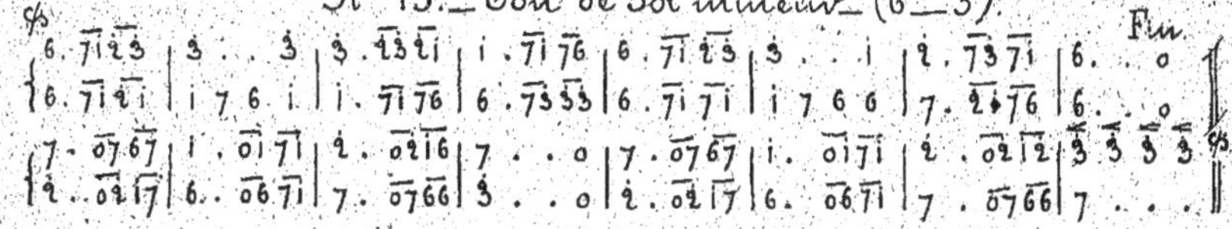

6 . 71 23 | 3 . . 3 | 3 . 13 21 | 1 . 71 76 | 6 . 71 23 | 3 . . 1 | 2 . 73 71 | 6 . . 0 Fin
6 . 71 21 | 1 7 6 1 | 1 . 71 76 | 6 . 73 33 | 6 . 71 71 | 1 7 6 6 | 7 . 21 76 | 6 . . 0 ||

7 . 07 67 | 1 . 01 71 | 2 . 02 16 | 7 . . 0 | 7 . 07 67 | 1 . 01 71 | 2 . 02 12 | 3 3 3 3
2 . 02 17 | 6 . 06 71 | 7 . 07 66 | 3 . . 0 | 2 . 02 17 | 6 . 06 71 | 7 . 07 66 | 7 . . . ||

N° 16 _ Ton de mi mineur _ (2 _ 6)

3 . 21 73 | 6 . 06 66 | 1 06 66 86 | 7 . 50 53 | 3 . 21 73 | 6 . 06 66 | 2 4 3 . 8 | 6 . . 0 Fin
1 . 76 87 | 6 . 03 43 | 3 03 44 32 | 3 . 50 0 | 1 . 76 87 | 6 . 03 43 | 8 6 7 . 7 | 6 . . 33 ||

6 0 07 67 | 1 . 7 0 | 7 0 01 23 | 2 . 1 0 | 3 0 03 33 | 6 . . 6 | 6 . . 6 | 8 . .
4 . 86 4 | 4 . 3 33 | 8 . 67 1 | 7 . 6 66 | 1 . 1 78 | 6 1 3 4 | 4 3 2 1 | 7 . . ||

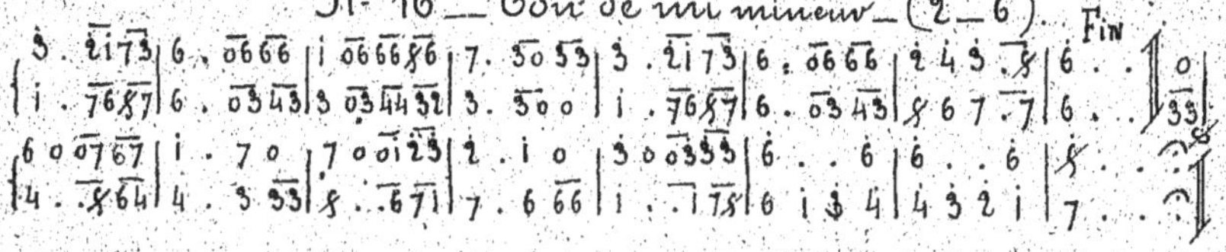

(1) En mineur la tonique s'appellera toujours La.

Nº 17 _ Ton de Si mineur _ (6 _ 1)

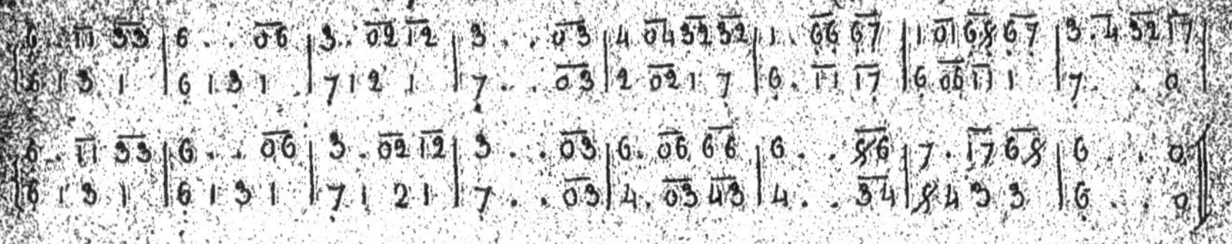

| 6 . 11 33 | 6 . . 06 | 3 . 02 12 | 3 . . 03 | 4 04 32 32 | 1 . 66 67 | 1 01 68 67 | 3 . 4 32 17 |
| 6 1 3 1 | 6 1 3 1 | 7 1 2 1 | 7 . . 03 | 2 02 1 7 | 6 . 11 17 | 6 06 11 1 | 7 . . 0 |

| 6 . 11 33 | 6 . . 06 | 3 . 02 12 | 3 . . 03 | 6 . 06 66 | 6 . . 86 | 7 . 17 68 | 6 . . 0 |
| 6 1 3 1 | 6 1 3 1 | 7 1 2 1 | 7 . . 03 | 4 . 03 43 | 4 . . 34 | 8 4 3 3 | 6 . . 0 |

Nº 18 _ Ton d'ut mineur _ (8 _ 1)

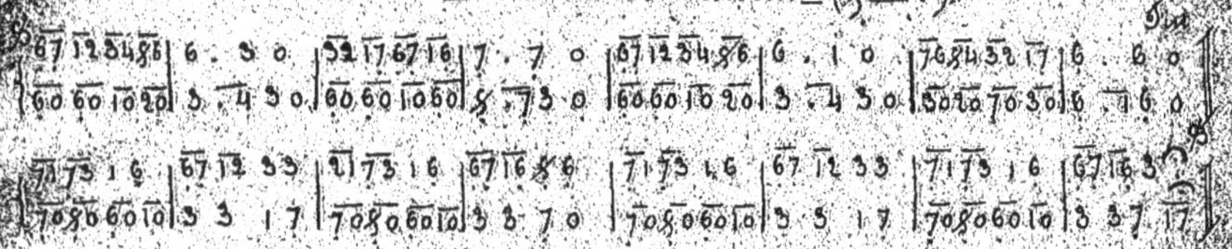

| 67 12 34 86 | 6 . 3 0 | 32 17 67 16 | 7 . 7 0 | 67 12 34 86 | 6 . 1 0 | 76 84 32 17 | 6 . 6 0 | Fin
| 60 60 10 20 | 3 . 4 3 0 | 60 60 10 60 | 8 . 7 3 0 | 60 60 10 20 | 3 . 4 3 0 | 30 20 70 30 | 6 . 7 6 0 |

| 71 73 1 6 | 67 12 33 | 71 73 1 6 | 67 16 86 | 71 73 1 6 | 67 12 33 | 71 73 1 6 | 67 16 3 |
| 70 80 60 10 | 3 3 1 7 | 70 80 60 10 | 3 3 7 0 | 70 80 60 10 | 3 3 1 7 | 70 80 60 10 | 3 3 7 17 |

Nº 19 _ Ton de Ré mineur _ (8 _ 6)

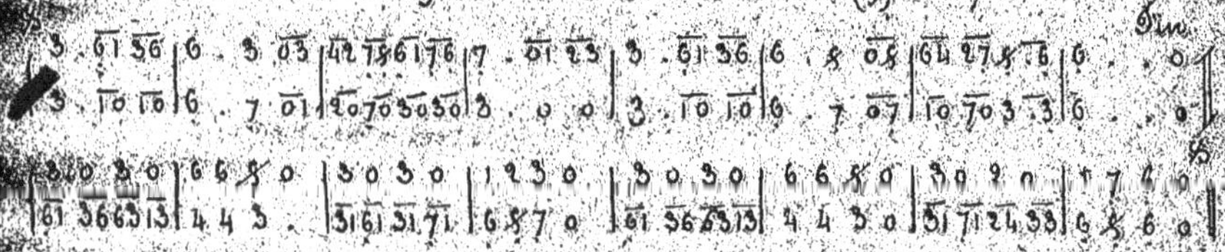

| 3 . 61 36 | 6 . 3 03 | 42 78 61 76 | 7 . 01 23 | 3 . 61 36 | 6 . 8 08 | 64 27 8 6 | 6 . . 0 | Fin
| 3 . 10 10 | 6 . 7 01 | 20 70 30 30 | 3 . 0 0 | 3 . 10 10 | 6 . 7 07 | 10 70 3 3 | 6 . . 0 |

| 30 30 | 6 6 8 0 | 30 3 0 | 1 2 3 0 | 30 30 | 6 6 8 0 | 30 2 0 | 1 7 6 0 |
| 61 36 63 13 | 4 4 3 . | 31 61 31 71 | 6 8 7 0 | 61 36 63 13 | 4 4 3 0 | 31 71 24 33 | 6 8 6 0 |

Nº 20. Ton d'ut mineur (8 _ 1)

| 3 . 6 12 | 3 . . 3 | 4 2 6 . 1 | 7 8 3 . | 2 . 4 6 . | 1 . 2 3 . | 3 8 7 1 | 6 . 0 | Fin
| 31 61 31 67 | 87 37 57 31 | 62 42 61 51 | 7 7 7 . | 7 . 2 4 . | 3 . 2 1 . | 7 3 3 3 | 6 . 0 |

| 4 . 2 . 6 | 6 . 8 . | 8 . 7 . 3 | 1 . 6 . | 1 . 7 . 6 | 4 . 2 . | 3 8 7 . 3 | 6 . . 0 |
| 2 . 7 . 3 | 4 . 2 3 . | 3 . 2 . 3 | 6 . 6 . | 6 . 8 . 6 | 6 . 7 . | 1 7 8 . 3 | 6 . . 0 |

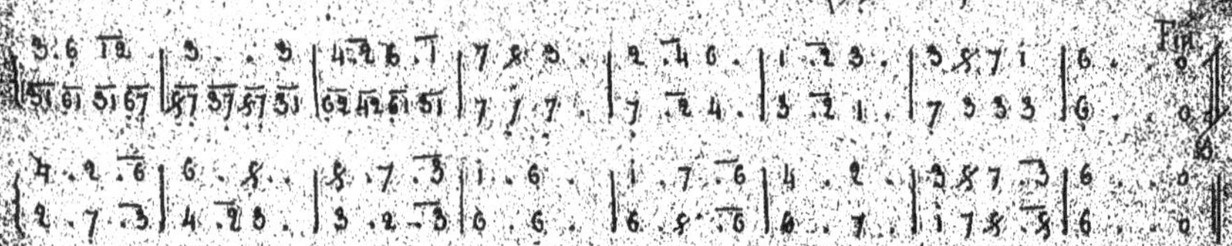

Coupes à un trait (division ternaire) (la_té_ti).

Nº 21. Ton d'ut mineur (8 _ 1).

| 343 642 | 3 3 | 373 8 7 | 1 6 | 316 4 1 | 3 500 | 727 8 3 | 6 | Fin
| 321 427 | 8 6 | 343 343 | 6 6 | 661 2 6 | 7 700 | 888 7 1 | 6 |

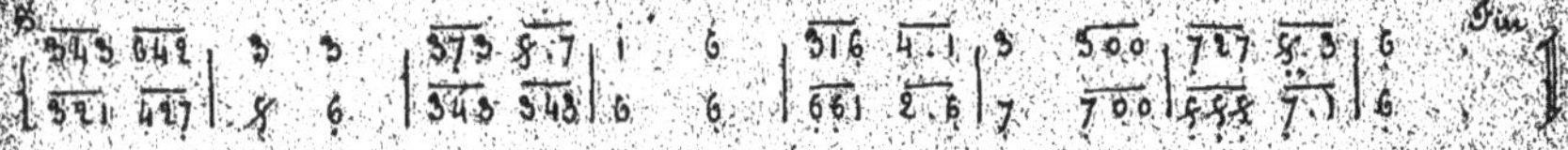

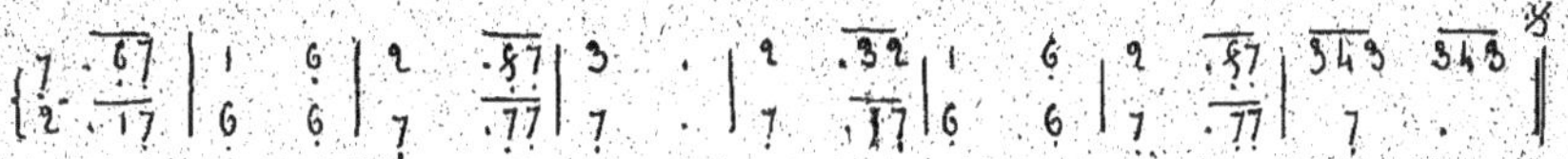

7 . 67 | 1 6 | 2 . 57 | 3 . | 2 . 32 | 1 6 | 2 . 57 | 343 343 ‖
2 . 17 | 6 6 | 7 . 77 | 7 . | 7 . 17 | 6 6 | 7 . 77 | 7 . ‖

N° 22. Ton de Si mineur (6 — 2)

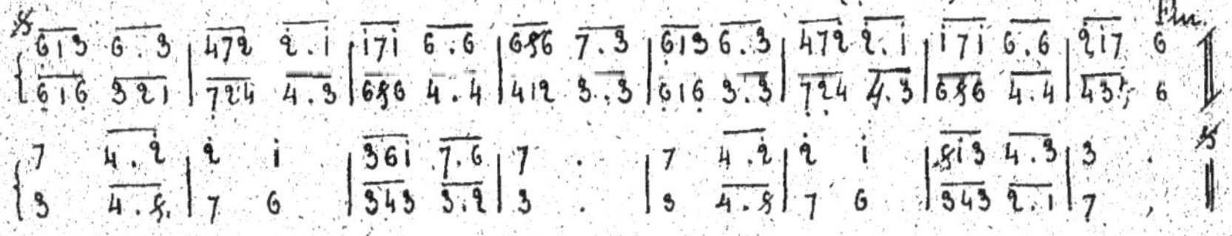

613 6.3 | 472 2.1 | 171 6.6 | 656 7.3 | 613 6.3 | 472 2.1 | 171 6.6 | 217 6 ‖ Fin.
616 321 | 724 4.3 | 656 4.4 | 412 3.3 | 616 3.3 | 724 4.3 | 656 4.4 | 435 6 ‖

7 4.2 | 2 1 | 361 7.6 | 7 . | 7 4.2 | 2 1 | 513 4.3 | 3 . ‖
3 4.5 | 7 6 | 343 3.2 | 3 . | 3 4.5 | 7 6 | 343 2.1 | 7 . ‖

N° 23. Ton de Si mineur (6 — 2)

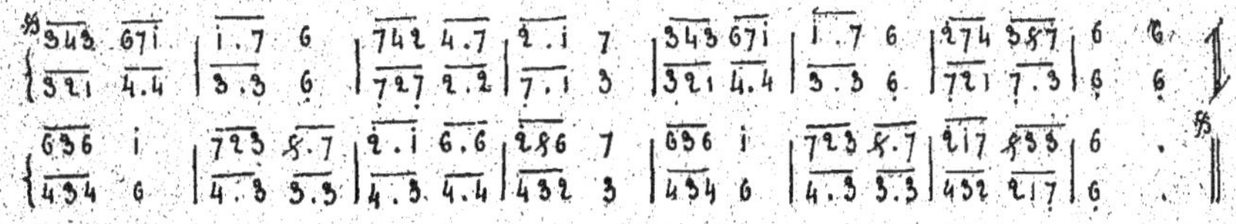

343 671 | 1.7 6 | 742 4.7 | 2.1 7 | 343 671 | 1.7 6 | 274 357 | 6 6 ‖
321 4.4 | 3.3 6 | 727 2.2 | 7.1 3 | 321 4.4 | 3.3 6 | 721 7.3 | 6 6 ‖

636 1 | 723 5.7 | 2.1 6.6 | 256 7 | 636 1 | 723 5.7 | 217 533 | 6 . ‖
434 6 | 4.3 3.3 | 4.3 4.4 | 432 3 | 434 6 | 4.3 3.3 | 432 217 | 6 . ‖

N° 24. Ton de Si mineur (5 — 2)

613 631 | 7 6 | 572 4.5 | 567 7 | 631 611 | 7 6 | 572 4.3 | 613 6 ‖ Fin
611 3.3 | 2 1 | 7.7 2.2 | 7.3 3 | 611 3.3 | 2 1 | 7.7 7.1 | 6.1 6 ‖

5.7 1.6 | 431 3 | 5.7 2.4 | 656 7 | 5.7 1.6 | 431 3 | 5.7 2.4 | 317 6 ‖
7.7 3.3 | 216 7 | 724 4.2 | 432 3 | 7.7 3.3 | 216 7 | 7.24 4.2 | 733 6 ‖

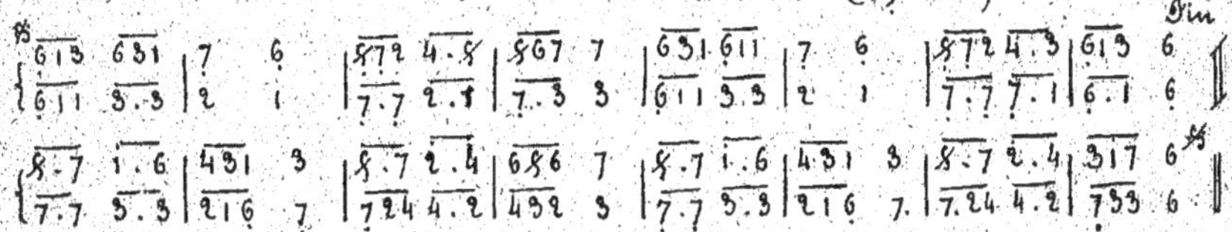

Couper à un trait (division mixte) (ta_té; ta_té_ti)

N° 25. Ton d'ut mineur (5 — 1)

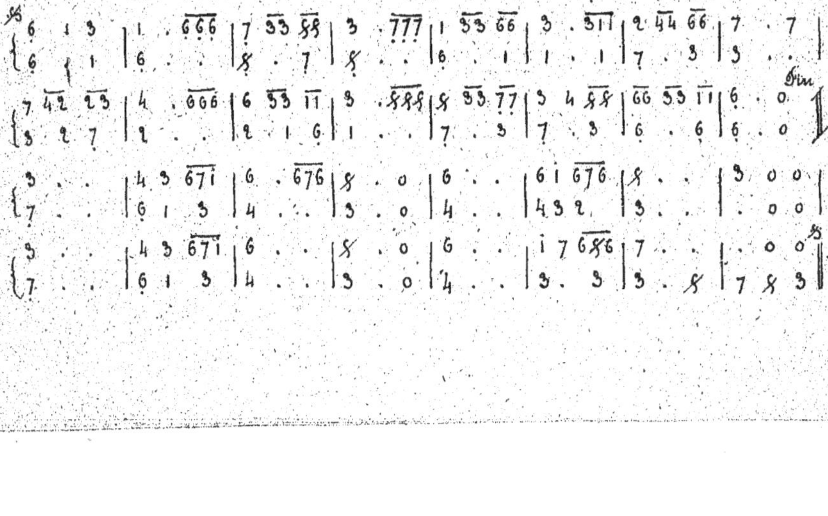

6 1 3 | 1 . 666 | 7 33 55 | 3 . 777 | 1 33 66 | 3 . 311 | 2 44 66 | 7 . 7 |
6 1 1 | 6 . . | 5 . 7 | 5 . . | 6 . 1 | 1 . 1 | 7 . 3 | 3 . . |

7 42 23 | 4 . 666 | 6 33 11 | 3 . 555 | 5 33 77 | 3 4 55 | 66 33 11 | 6 . 0 ‖ Fin
3 2 7 | 2 . . | 2 1 6 | 1 . . | 7 . 3 | 7 . 3 | 6 . 6 | 6 . 0 ‖

3 . . | 4 3 671 | 6 . 676 | 5 . 0 | 6 . . | 6 1 676 | 5 . . | 3 0 0 |
7 . . | 6 1 3 | 4 . . | 3 . 0 | 4 . . | 4 3 2 | 3 . . | . 0 0 |

3 . . | 4 3 671 | 6 . . | 5 . 0 | 6 . . | 1 7 656 | 7 . . | . 0 0 ‖
7 . . | 6 1 3 | 4 . . | 3 . 0 | 4 . . | 3 . 3 | 3 . 5 | 7 5 3 ‖

N° 26.

Ton de La mineur (6—3).

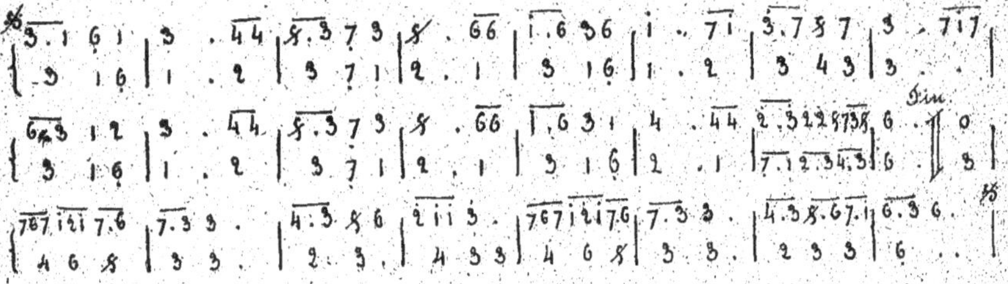

3.1 6 1 | 3 . 44 | 8.3 7 3 | 8 . 66 | 1.6 36 | 1 . 71 | 3.7 8 7 | 3 . 717
3 1 6 | 1 . 2 | 3 7 1 | 2 . 1 | 3 1 6 | 1 . 2 | 3 4 3 | 3 . .

6.3 1 2 | 3 . 44 | 8.3 7 3 | 8 . 66 | 1.6 3 1 | 4 . 44 | 2.322 8738 | 6 . Fin. ‖ 0
3 1 6 | 1 . 2 | 3 7 1 | 2 . 1 | 3 1 6 | 2 . 1 | 7.12.343 | 6 . ‖ 3

767 121 7.6 | 7.3 3 . | 4.3 8 6 | 2 1 1 3 . | 767 1217.6 | 7.3 3 . | 4.3 8.67.1 | 6.3 6 .
4 6 8 | 3 3 . | 2 3 . | 4 3 3 | 4 6 8 | 3 3 . | 2 3 3 | 6 . .

N° 27. Ton de La mineur (6—3).

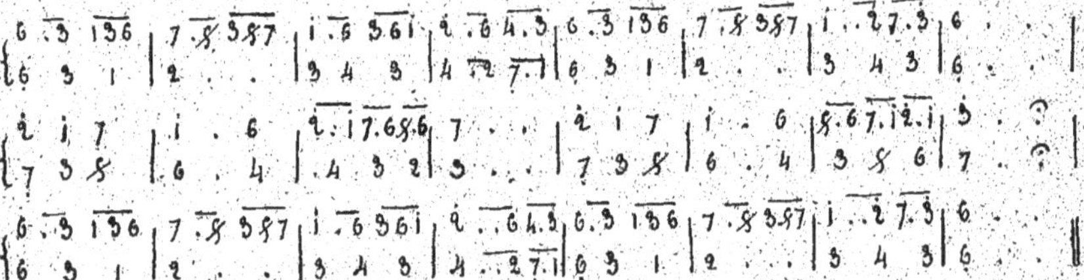

6 .3 136 | 7 .8 387 | 1 .6 361 | 2 .6 4.3 | 6 .3 136 | 7 .8 387 | 1 . 27.3 | 6 . . .
6 3 1 | 2 . . | 3 4 3 | 4 2 7.1 | 6 3 1 | 2 . . | 3 4 3 | 6 . .

2 1 7 | 1 . 6 | 2.17.686 | 7 . . | 2 1 7 | 1 . 6 | 8.67.12.1 | 3 . 𝄐
7 3 8 | 6 . 4 | 4 3 2 | 3 . . | 7 3 8 | 6 . 4 | 3 8 6 | 7 . 𝄐

6 .3 136 | 7 .8 387 | 1 .6 361 | 2 . 64.3 | 6.3 136 | 7 .8 387 | 1 . 27.3 | 6 . . ‖
6 3 1 | 2 . . | 3 4 3 | 4 . 27.1 | 6 3 1 | 2 . . | 3 4 3 | 6 . . ‖

N° 28. Ton de La mineur (1—3).

3.1 3 68 | 7.8 3 . | 1.6 1 22 | 6.8 7 . | 3.1 3 68 | 7.8 3 . | 2.6 2 44 | 3.8 6 .
3 1 3 | 2 1 . | 4 3 4 | 4 3 . | 1 1 1 | 2 1 . | 2 4 2 | 3 6 .

7 . 3 | 1 . 6 | 2 1.2 | 3 2 1 | 7 . 3 | 1 . 6 | 4 4 4 | 3 . 𝄐
3 4 3 | 3 . 4 | 8 6 4 | 3 4 3 | 2 4 3 | 3 . 4 | 6 8 6 | 7 . 𝄐

3.1 3 68 | 7.8 3 . | 1.6 1 22 | 6.8 7 . | 3.1 3 68 | 7.8 3 . | 2.6 2 4 | 3.8 6 . ‖
3 1 3 | 2 1 . | 4 3 4 | 4 3 . | 1 1 1 | 2 1 . | 2 4 2 | 3 6 . ‖

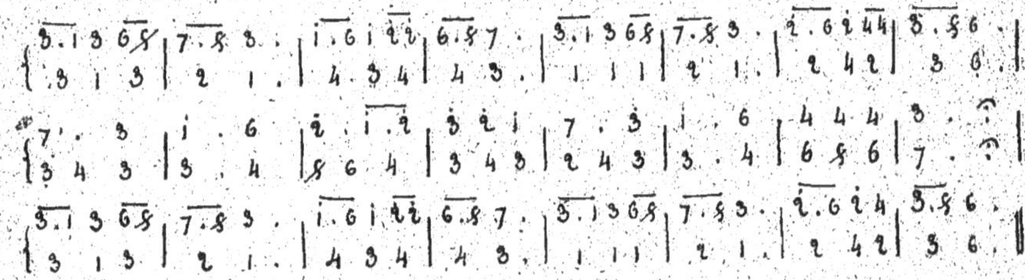

3me Série. Dièses et Bémols (Modulations)

Coupés à deux traits, division binaire (ta-fa, té-fé)

No 29. Ton de Ré (5—2)

[illegible]

No 30. Ton de Ré (5—2)

[illegible]

No 31. Ton de Ré (5—3)

[illegible]

Nº 32. Ton de Ré (7—2)

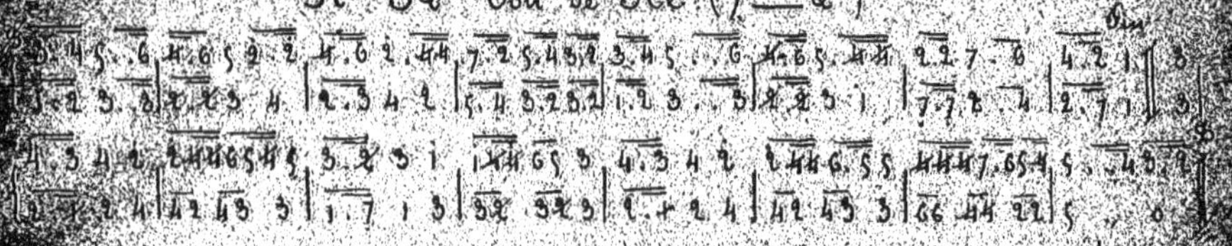

[illegible]

Nº 33. Ton de Sol (1—3)

[illegible]

Nº 34. Ton de La (1—4)

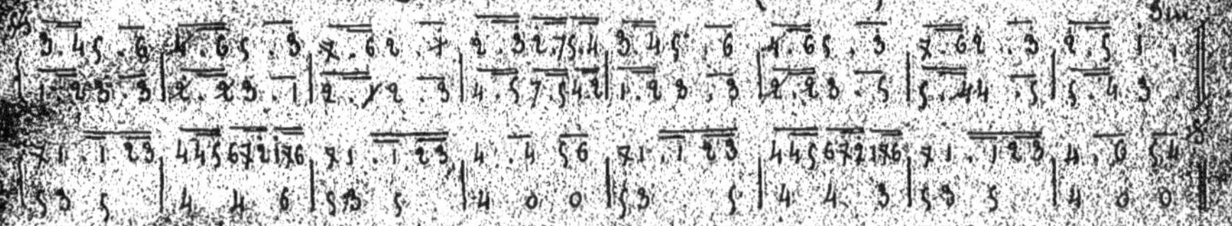

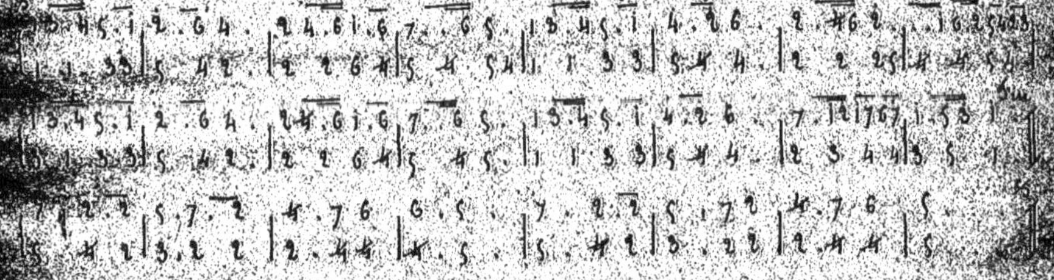

[illegible]

Nº 35. Ton de Mi (5—7)

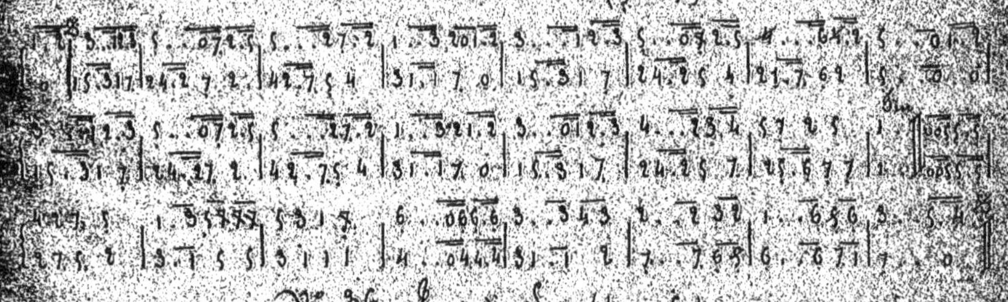

[illegible]

Nº 36. Ton de La (1—5)

[illegible]

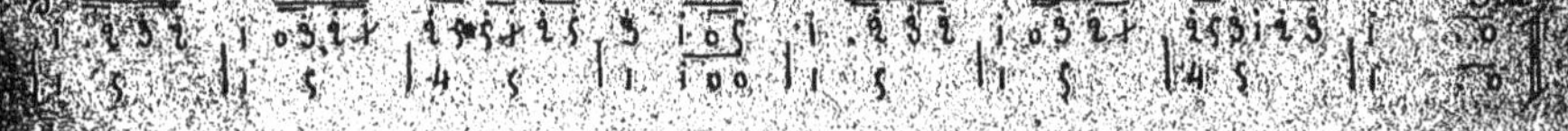

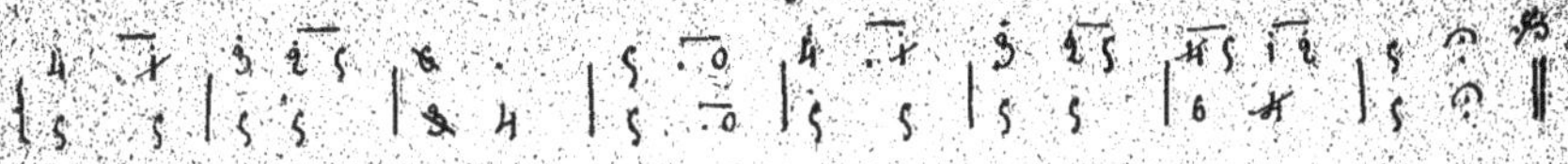

4 .7 | 3 2 5 | 5 . | 5 .0 | 4 .7 | 3 2 5 | 4 5 1 2 | 5 𝄐 𝄋
5 5 | 5 5 | 3 4 | 5 .0 | 5 5 | 5 5 | 6 4 | 5 𝄐 ‖

Nº 37. Ton de Tê (7—3)

𝄋 5 4 5 6 5 | 3 1 .3 | .2 .1 | 7 5 .0 | 5 4 5 6 5 | 3 1 .7 | 2 4 5 | 5 . |
3 2 3 4 3 | 1 .1 | .7 .1 | 2 5 .0 | 3 2 3 4 3 | 1 .0 | 3 2 | 5 6 5 4 |

5 4 5 6 5 | 3 1 .3 | .2 .1 | 7 5 .0 | 6 .6 | 5 .1 | 7 1 2 5 | 1 .0 ‖ Fin
3 2 3 4 3 | 1 .1 | .7 .1 | 2 .0 | 1 .1 | 2 .1 | 2 4 | 3 .0 ‖

3 .3 | 2 0 1 1 | 1 1 1 1 | 7 7 6 5 0 | 3 .3 | 2 0 1 1 | 3 5 4 5 7 6 | 5 𝄐 𝄋
1 .1 | 7 0 1 2 | 3 3 4 4 | 5 5 0 | 1 .1 | 7 0 1 2 | 1 2 . | 7 𝄐 ‖

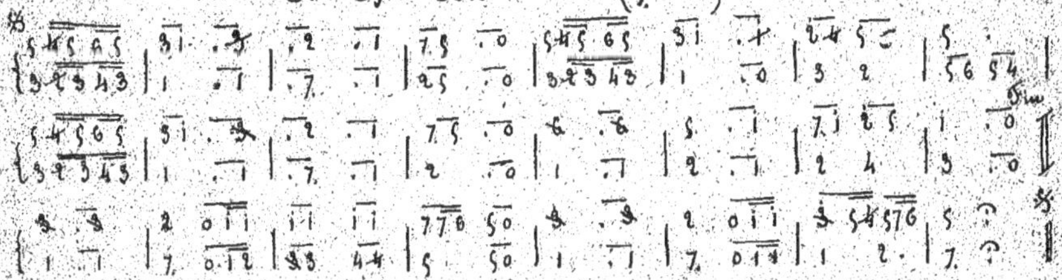

Nº 38. Ton de Meu (5—2)

𝄋 6 7 1 2 3 .4 | 4 3 2 3 1 6 0 | 6 7 1 2 3 .4 | 4 3 2 3 1 6 0 | 6 7 3 6 | 6 5 4 3 5 4. | 6 7 3 5 | .4 3 2 3 2 1 0 |
6 6 | 6 . 6 | 6 6 | 6 6 | 6 6 | 6 2 | . 5 | . 1 .0 |

6 7 1 2 3 .4 | 4 3 2 3 1 6 0 | 6 7 1 2 3 .4 | 4 3 2 3 1 6 0 | 3 3 4 5 | .3 4 5 6 | .5 6 7 2 1 7 | 6 .0 ‖ Fin
6 6 | 6 6 | 6 6 | 6 6 | 0 3 3 | . 0 6 | . 3 | 6 .0 ‖

7 . 5 6 7 | 6 .. 0 6 6 7 | 1 .. 7 6 5 | 6 5 4 .. 0 | 7 .. 5 6 7 | 6 .. 0 6 6 7 | 7 .. 2 1 7 | 6 .. 3 𝄋
1 ... | 4 ... | 3 ... | 4 .. .0 | 1 ... | 4 ... | 3 ... | 6 .. 0 ‖

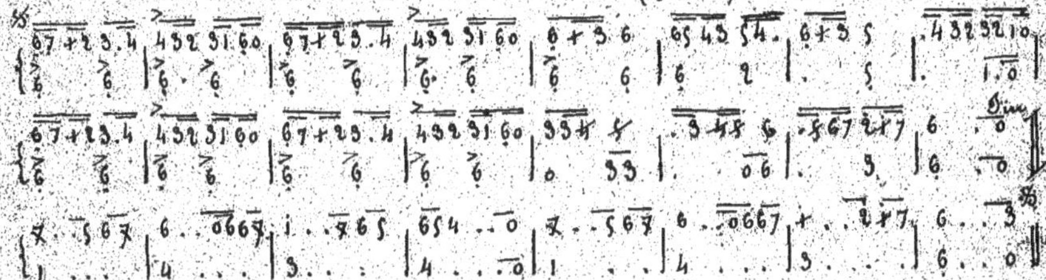

Nº 39. Ton d'Ut (7—3)

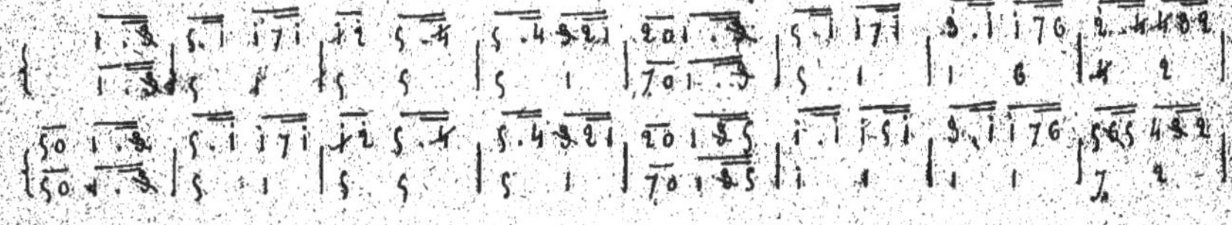

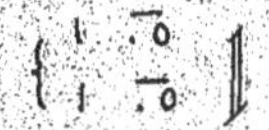

1 .3 | 5 .1 1 7 1 | 1 2 5 .4 | 5 .4 3 2 1 | 2 0 1 .7 | 5 .1 1 7 1 | 3 .1 1 7 6 | 2 .4 4 3 2 |
1 .3 | 5 4 | 5 5 | 5 1 | 7 0 1 .3 | 5 1 | 1 6 | 4 2 |

5 0 1 .3 | 5 .1 1 7 1 | 1 2 5 .4 | 5 .4 3 2 1 | 2 0 1 3 5 | 1 .1 1 5 1 | 3 .1 1 7 6 | 5 6 5 4 3 2 |
5 0 1 .3 | 5 1 | 5 5 | 5 1 | 7 0 1 3 5 | 1 4 | 1 1 | 7 2 |

1 .0 ‖
1 .0 ‖

Nº 40 Ton de Meu (5—2)

6 .. 7 1 .6 | 3 .0 0 0 3 3 3 | 5 .. 7 2 .1 5 .6 | 7 .3 .0 | 6 .. 7 1 .6 | 3 .0 0 0 3 3 2 3 | 5 .. 0 4 4 4 3 2 | 3 .. 3 3 .3 |
6 6 6 6 | 6 3 4 3 2 3 .0 | 3 3 3 3 | 3 3 4 3 2 3 7 1 7 8 | 6 6 6 6 | 6 3 4 3 2 3 0 1 | 7 5 7 2 | 1 . 0 0 |

2 2 3 2 1 7 1 0 4 3 | 5 .6 7 0 3 3 .3 | 2 .. 2 3 2 1 1 2 1 7 8 6 | 3 . . 0 | 6 .. 7 1 .6 | 3 .0 0 0 3 3 .3 | 5 .. 7 2 .1 5 .6 | 7 .. 3 .0 |
3 4 6 1 | 7 .3 0 | 3 5 6 4 | 3 2 5 6 4 5 2 7 8 | 6 6 6 6 | 6 3 4 3 2 3 .0 | 3 3 3 3 | 3 3 4 3 2 3 7 1 7 8 |

6 .. 7 1 .6 | 3 .0 0 3 3 3 2 3 | 5 .. 0 5 4 3 5 7 | 6 .. 0 ‖
6 6 6 6 | 6 3 4 3 2 3 0 3 | 3 5 7 3 | 6 .. 0 ‖

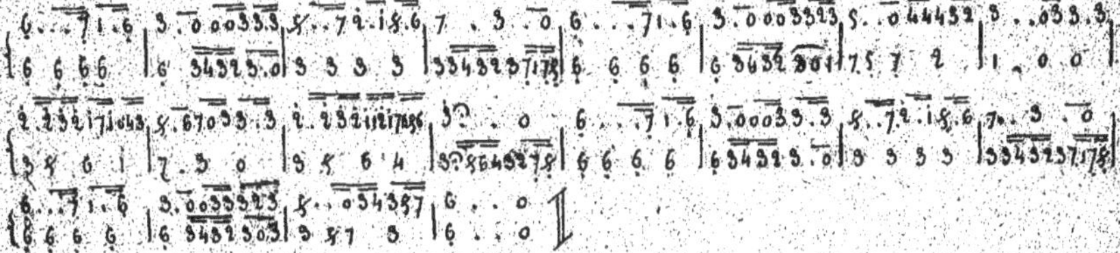

N° 41. Ton d'ut (7_3).

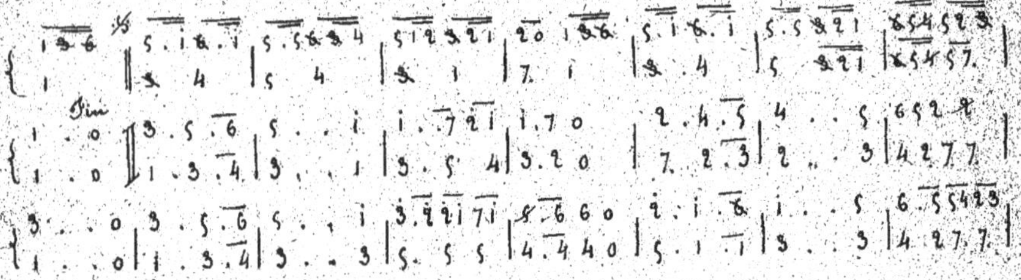

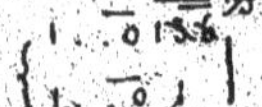

N° 42. Ton de Sen (3_3).

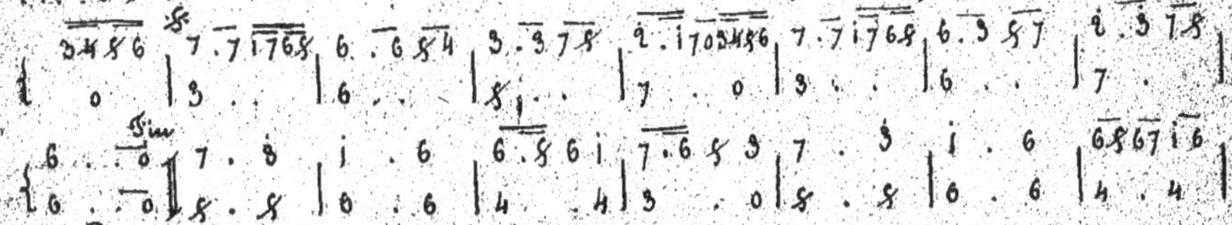

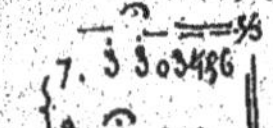

N° 43. Ton de Sen (1_4).

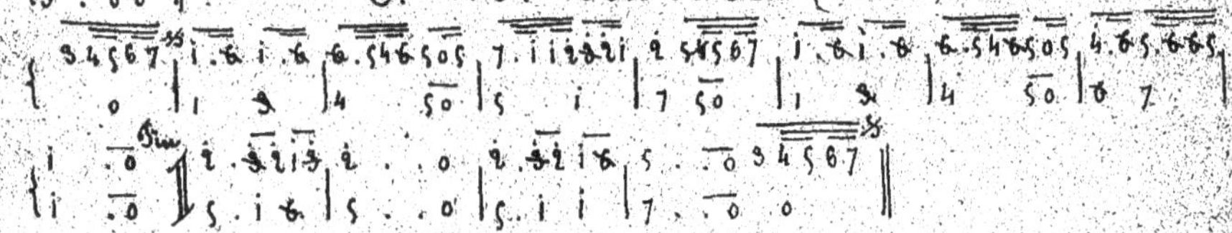

N° 44. Ton de Sol. (3_6).

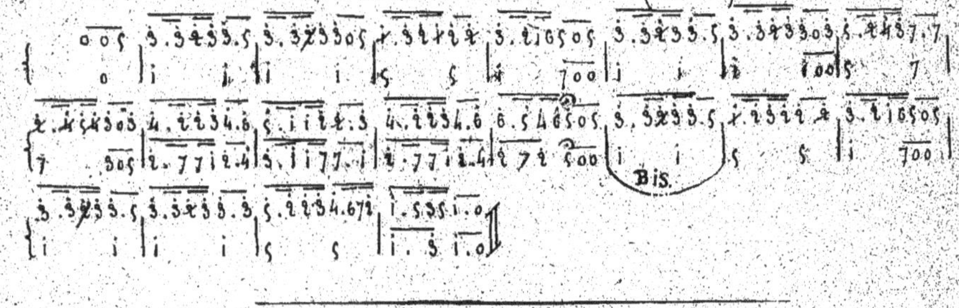

Fin du Guide.

Table.

www.ingramcontent.com/pod-product-compliance
Lightning Source LLC
LaVergne TN
LVHW010032230826
846091LV00005B/1666